JN494446

바다밭을 일궈요

대한과학진흥회 _엮음

스완미디어
SWAN MEDIA

책 머리에

오늘날 우리들은 고도로 발달된 과학 문명의 혜택 속에 살고 있습니다.

우리의 선진 조국 창조를 위해 무엇보다 중요한 것이 과학 기술의 개발입니다. 특히 자원이 부족한 우리나라에서 가꾸어야 할 유일한 자원은 과학 기술로 무장한 풍부한 인력 자원입니다.

대한 과학 진흥회에서는 배우는 학생들을 위해 사물을 깊이 관찰하는 습관과 합리적이고 창의적인 과학적 사고를 심어 주기 위한 방법의 하나로 과학 문고를 엮어 내고 있습니다.

과학 문고를 펴냄에 있어서 딱딱한 과학지식을 그림을 곁들여 쉽고 재미있게 이야기로 풀어 써서 학생들이 스스로 원리를 발견하고 재미를 느끼게 함으로써 과학의 여러 분야에 대하여 흥미를 갖고 접근할 수 있도록 하였습니다.

이 책과 더불어 많은 학생들이 과학에 깊은 관심을 갖고 탐구심과 창의력을 기르며 과학을 생활화 할 줄 아는 사람이 되는데 많은 도움이 되었으면 하고 바라는 마음 간절합니다.

기획편찬 **대한과학진흥회**

차례

바다는 어떻게 생겨났을까요?

여러분은 바다를 본 적이 있을 것입니다.

마음이 답답할 때는 가만히 눈을 감고 머리 속으로 탁 트인 바다를 생각해 보세요. 파란 바다는 생각만 해도 우리들의 가슴을 시원하게 해 줍니다.

우리들이 살고 있는 곳은 '지구'라고 불리어지는 별입니다. 밤이 되면 하늘에 많은 별들이 나타납니다. 지구도 그 별들 중에 하나입니다.

지구가 언제 어떻게 생겼는지 알기 위해서 과학자들은 연구를 많이 합니다.

어떤 과학자는 이렇게 말합니다.

"지구는 태양이 폭발할 때 쪼개져 나온 작은 조각입니다. 처음에는 불덩이이던 것이 점점 식어서 지금의 지구가 된 것이지요."

또 다른 과학자는 이렇게 말합니다.

"지구는 우주를 떠다니던 먼지들이 모여서 생긴 별이예요! 먼지들이 뭉치고 뭉쳐서 단단하게 다져진 것이지요."

어느 과학자의 말이 옳은지를 가려내려면 더 많은 연구를 해야 합니다.

지구가 어떻게 생겨났던지, 어쨌든 우리들은 지금 이 시간 지구 위에서 잘 살고 있습니다.

지구에는 사람이 사는 데 필요한 많은 조건이 갖추어져 있습니다.

사람이 살아가려면 가장 필요한 것이 과연 무엇일까요?

사람은 먹어야 삽니다. 먹는 것도 한 가지만 먹어서는 안 됩니다. 여러 가지 음식을 골고루 먹어야 합니다.

채소도 먹어야 하고, 고기도 먹어야 합니다.

그것뿐만이 아닙니다. 사람은 음식만 먹어서는 살 수 없습니다. 숨을 쉬기 위해서는 공기도 들이마셔야 하고, 물도 마셔야 삽니다.

지구에는 이 모든 것이 있습니다.

먹을 것 뿐만 아니라 사람이 살기 위한 집을 지을 재료도 지구에는 있습니다. 옷을 만들 재료도 지구에는 있습니다.

만일 드넓은 우주에 지구처럼 사람이 살아갈 수 있도록 모든 것이 갖추어진 별이 있다면, 아마도 그별엔 우리와 똑같은 사람들이 살고 있을 것입니다.

지구가 태양의 폭발에서 생긴 것이라면, 처음에는 아주 뜨거운 상태였을 것입니다.

나무를 태우고 난 후에 보면 새빨갛게 달아 있는 숯덩이를 볼 수 있습니다. 지구도 처음에는 이 달궈진 숯덩이처럼 온통 새빨갛고 김이 펄펄 나도록 뜨거웠을 것입니다.

뜨거운 지구에서 생긴 김은 우주의 차거운 기운과 만

나서 비가 되었을 것입니다.

사과를 햇빛에 오래 놓아 두면, 수분이 증발해서 쪼글쪼글해집니다.

주름잡힌 사과를 자세히 살펴보십시오. 주름에 따라 들어가고 나온 곳이 있을 것입니다.

뜨거웠던 지구도 점점 식으면서 쪼그라진 사과처럼 변해 갔습니다.

지구는 사과보다 엄청나게 크기 때문에 한눈에 그 모양을 볼 수는 없습니다.

하지만 주위를 살펴보면 우리는 금세 눈에 보이는 산과 강을 찾을 수 있습니다.

산은 지구가 쪼그라들면서 솟아오른 부분이고, 강이나 바다는 골이 파여 내려간 것이라고 생각해보면 우리의 입에서는 저절로 웃음이 나오게 됩니다.

뜨거운 열기가 식으면서 생긴 비는 지구의 움푹 패인 곳에 모여 강이나 바다를 이루게 되었다고 과학자들은 설명합니다.

우주의 먼지가 모여서 지구를 만들었다고 주장하는

과학자들은 바다가 생긴 이유를 조금 다르게 설명합니다.

차가운 우주를 떠돌아다니던 먼지들은 서로 모여 큰 덩어리를 이룸에 따라 뜨거워지게 되었다고 합니다.

사람도 넓은 운동장에 혼자 서 있을 때보다 여러 사람이 함께 서 있을 때가 훨씬 더 따뜻합니다. 먼지들이 모여서 뜨거워지는 것도 이와 같은 이치입니다.

먼지들은 공처럼 둥글게 뭉쳐나갔기 때문에 속으로 들어갈수록 더욱 단단하고 뜨겁게 되었다고 합니다.

그리하여 지금의 지구처럼 거대한 모양을 이룰 때 즈음에는, 지구 한가운데 부분은 펄펄 끓는 상태로 되었다는 것입니다.

먼지가 쌓이는 모양에 따라 높은 곳과 낮은 곳이 생기게 되었고 땅 위에 내린 비가 흘러 낮은 곳으로 모였기 때문에 지금의 바다가 생기게 되었다는 것입니다.

과학자들은 지구가 살아서 움직이는 별이라고 말합니다.

우리가 알아차리지 못하도록 아주 조금씩 조금씩 땅이 움직이고 있다는 것입니다.

그것은 시계의 시침이 움직이는 것보다 더 느린 속도

여서 사람들은 전혀 눈치챌 수 없습니다.

가끔씩 지구가 갑자기 움직이기도 합니다.

그것은 지구 한가운데 자리잡고 있는 용암이 지구의 바깥으로 불끈 솟아나오기 때문에 일어나는 일입니다.

용암은 죽처럼 되어 있는 불덩어리입니다. 뜨거운 죽을 비닐 봉지에 넣고 묶어 한쪽으로 계속 힘을 주어 눌러 본다면 어떻게 될까요?

비닐 봉지 안에 들어 있는 죽은 봉지의 가장 약한 부분을 뚫고 밖으로 쏟아져나올 것입니다.

지구 한가운데 있는 용암도 이와 같습니다. 지구의 단단한 부분이 계속 가운데를 향하여 밀고 들어가면, 그 힘에 밀려 용암은 지구의 가장 약한 땅을 뚫고 밖으로 쏟아져나오게 됩니다.

땅 속의 불덩어리가 밖으로 쏟아져나오는 곳을 우리는 '화산' 이라고 합니다.

화산은 땅 위에도 있고 바다 속에도 있습니다. 바다 속에 있는 화산을 해저화산이라고 합니다.

화산에서 용암이 한번 분출되면 지구에는 많은 변화

가 생깁니다.

아주 깊은 바닷속이 갑자기 솟아올라 높은 산이 되기도 합니다.

지구에서 가장 높다는 히말라야 산맥도 오래 전에는 바닷속이었다고 합니다.

바다 밑이 산처럼 솟아오를 수도 있지만, 조그만 바

다가 아주 넓고 깊게 될 수도 있습니다. 그 반대로 바다가 아주 없어져 버릴 수도 있습니다.

이 모든 일들은 하루 아침에 이루어지는 것이 아닙니다. 오랜 세월을 두고 아주 천천히 천천히 이루어집니다.

바다는 땅보다 훨씬 넓습니다. 정확히 말하자면, 지구는 땅이 30%, 바다가 70%로 이루어져 있습니다.

세계에서 가장 깊은 바다는 태평양에 있는 마리아너스해구인데, 땅 위에 제일 높이 솟아 있는 에베레스트산의 높이보다 3,072m 더 깊습니다.(마리아너스해구 : 11,515m. Mt. Avek 8,443m)

지구 위에 있는 바다는 다섯 부분으로 크게 나눕니다. 이 다섯 바다를 5대양이라고 부릅니다.

5대양은 태평양, 인도양, 대서양, 남극해, 북극해입니다.

태평양은 우리 나라가 속해 있는 바다입니다. 인도가 속해 있는 바다는 인도양, 미국이 속해 있는 바다는 대서양입니다.

지구의 남쪽 끝에 있으며 펭귄들이 많이 살고 있는 바다를 남극해라고 합니다.

이에 비하여 지구의 북쪽 끝에 있는 바다를 북극해라고 합니다.

이렇게 넓은 바다를 가졌기 때문에 우주선을 타고서 멀리 떨어져 지구를 바라보면 초록색으로 보인다고 합니다.

이 세상이 생겨난 이야기

옛날 아주 오랜 옛날의 일입니다.

그 때는 너무도 오래 전이기 때문에 우리가 살고 있는 지구는 온통 물렁물렁하고 철벅철벅한 진흙투성이였습니다.

그래서 사람이 살 수 없는 곳이었지요.

사람들이 그 때 어느 별에서 살고 있었는지는 아무도 모릅니다.

다만 한 가지 분명한 것은 그 때의 진흙투성이 지구에는 아무도 살지 않았다는 것뿐이지요.

이 이야기는 옥황상제가 다스리는 하늘 나라에서 일어난 일입니다.

"앙앙앙!"

평화롭기만한 하늘 나라에 난데없는 울음 소리가 터져 나왔습니다.

"이 평화로운 하늘 나라에서 누가 이렇게 슬픈 울음

소리를 내느냐? 당장 우는 사람을 데려오도록 해라."

울음 소리에 깜짝 놀란 옥황상제님은 천사들에게 분부를 내렸습니다.

천사들은 모두 흩어져서 우는 사람을 찾았습니다.

"아니! 공주님께서 울고 계셨어요?"

한 천사가 커튼 뒤에 숨어서 울고 있는 공주님을 발견하고는 크게 외쳤습니다.

공주님은 너무 울어서 눈이 퉁퉁 부어 있었습니다.

"무슨 일로 그렇게 우십니까?"

천사들이 모여들어 물어 보았지만, 공주님은 대답도 하지 않고 그저 훌쩍일 뿐이었습니다.

"안되겠어. 우리에겐 통 말씀을 하지 않으시니 어서 옥황상제님께 모시고 가세!"

"그게 좋겠어!"

나이 많은 천사가 공주님의 손을 잡고 옥황상제님 앞으로 모시고 갔습니다. 다른 천사들도 모두 공주님이 슬피 우는 이유가 궁금하여 뒤를 따라 갔습니다.

공주님의 모습을 본 옥황상제님은 너무도 놀라서 아

무 말도 못하고 입만 커다랗게 벌렸습니다.

눈물 콧물이 얼굴에 온통 뒤범벅되어 있는 공주님의 모습은 전혀 뜻밖이었거든요.

"아바마마!"

공주님은 옥황상제님의 품으로 달려갔습니다.

"아니, 우리 예쁜 공주가 이게 웬일이냐?"

옥황상제님은 공주님을 껴안아 주며 다정하게 물으셨습니다.

"이제까지 네가 울었느냐?"

"예, 아바마마."

공주님은 콧물을 훌쩍이며 대답했습니다.

"그래, 무엇 때문에 그토록 슬프게 울었느냐? 누가 널 때리더냐?"

옥황상제님은 심술궂은 표정으로 천사들을 둘러보며 물으셨습니다.

"아니옵니다."

공주님은 머리를 설레설레 내저으며 대답했습니다.

"어허, 답답하구나!"

옥황상제님은 가슴을 쾅 치며 한탄하셨습니다. 그제서야 공주님은 울먹울먹 하는 목소리로 운 까닭을 이야기했습니다.

"아바마마, 실은 제가 가장 아끼는 반지를 그만 하늘나라 밑으로 떨어뜨리고 말았사옵니다. 구름 속을 아무리 찾아 보아도 보이지 않으니, 아마도 저 진흙덩이 별로 떨어져 버렸나 봐요. 그 반지는 제가 가장 좋아하는 것인데…."

공주님은 다시 "으왕……"하고 울음을 터뜨렸습니다.

"겨우 반지 하나를 잃어 버리고서 그랬단 말이냐. 어서 뚝 그쳐요. 내가 아주 예쁜 반지를 하나 줄테니!"

"아니예요, 아바마마. 그 반지를 찾아 주세요. 그 반지는 봄 아가씨가 준 아주 귀한 반지예요."

공주님은 훌쩍훌쩍 울면서 옥황상제님께 부탁했습니다.

"알았다. 반지를 찾아 줄 테니 어서 울음을 그쳐요! 여봐라. 누가 저 진흙투성이 지구로 가서 공주의 반지

를 찾아오너라."

옥황상제님은 천사들에게 명령했습니다.

그러나 천사들은 서로 눈치만 볼 뿐 아무도 선뜻 나서지 않았습니다.

"내 말을 못 들었느냐? 지구로 가서 공주의 반지를 찾아오라니까!"

옥황상제님이 다시 명령했습니다.

이번에도 천사들은 서로 눈치만 보았습니다. 어떤 천

사들은 지구를 내려다보며 한숨을 쉬기도 했습니다.

천사들이 주저하는 것은 당연한 일이었습니다. 저 질퍽질퍽한 지구로 내려가서 반지를 찾는다는 것은 거의 불가능한 일이었습니다.

반지는 찾지도 못하고 아름다운 날개옷만 버리게 될 것이 분명했습니다.

"으왕! 내 반지……."

아무도 반지를 찾아오겠다고 나서지 않자, 공주님은 다시 울음을 터뜨렸습니다.

"아무도 지구로 내려가지 않겠다면 내가 직접 가는 수밖에 없겠구나!"

옥황상제님이 자리에서 벌떡 일어섰습니다.

그때였습니다.

"제가 가서 공주님의 반지를 찾아오겠습니다!"

큰 소리로 말하며 성큼 앞으로 나서는 한 천사가 있었습니다.

그 천사는 키가 엄청나게 크고 몸집도 우람한 거인 천사였습니다. 거인 천사는 나무나 찰흙 등을 가지고

무엇을 만들어 내는 것을 참 좋아했습니다.

"오! 거인 천사가 가겠다고? 거인 천사라면 내가 믿을 만하지."

옥황상제님은 흡족하게 머리를 끄덕이면서 자리에 앉았습니다.

"제가 만일 공주님의 반지를 찾아온다면, 저 어두컴컴하고 더러운 지구를 사람이 살 수 있도록 아름답게 꾸며 주십시오."

거인 천사는 천둥처럼 큰 목소리로 옥황상제님께 말했습니다.

"오냐, 내 약속하마."

거인 천사는 튼튼한 작업복을 입고 지구로 내려갔습니다.

지구는 모든 것이 엉망이었습니다.

지구를 둘러싸고 있는 진흙들은 찐득, 쫀득 거인 천사에게 들러붙었습니다.

거인 천사의 옷은 금세 진흙으로 범벅이 되었습니다.

"이래서는 아무것도 할 수 없겠어. 진흙을 차근차근

정리해가면서 반지를 찾아야겠는걸!"

거인 천사는 진흙들을 한 곳으로 쌓아 올리며 부지런히 반지를 찾기 시작했습니다.

진흙 덩이를 정리해가면서 반지를 찾는 일은 몹시 힘들었습니다.

거인 천사의 이마와 콧등에는 땀이 송글송글 맺혔습니다. 하지만 거인 천사는 힘든 것도 아랑곳않고 열심히 반지를 찾았습니다.

거인 천사는 진흙을 한 곳에 모아 높게 쌓기도 하고, 평평하게 두드려 납작한 모양을 만들어 두기도 했습니다.

어떤 곳에는 진흙이 하나도 없도록 깊이 파 두기도 했습니다. 또한 길게 골을 파 두기도 했습니다.

쉬지 않고 진흙 정리를 한 덕택에 어느덧 해가 저물고, 거인 천사는 거의 모든 진흙을 정리하게 되었습니다.

"아! 찾았다. 공주님의 반지다."

진흙을 파 내던 거인 천사의 손 끝에 동그란 반지가

걸렸습니다.

거인 천사는 반지에 묻은 진흙을 떼어내고 깨끗이 닦았습니다.

그 반지는 아주 작은 것이었습니다. 하지만 반지 속에는 새로운 봄바람과 아직 싹을 틔우지 못한 씨앗들이 가득 들어 있었습니다.

“이렇게 귀중한 것이니 공주님이 그토록 떼를 쓰셨지……”

거인 천사는 반지를 복주머니에 넣고 목에 걸었습니다. 그리고 나머지 진흙을 모두 정리하고 하늘 나라로 올라갔습니다.

“공주님, 반지를 찾았습니다.”

“거인 천사님, 정말 고맙습니다!”

거인 천사는 공주님께 반지를 꺼내 주었습니다. 공주님은 진흙이 잔뜩 묻어 더러워진 것도 아랑곳 하지 않고, 거인 천사의 목을 끌어안아 뺨에 뽀뽀를 해 주었습니다.

“정말 고생이 많았소. 거인 천사! 내 약속한 대로 저 지구를 아름답게 꾸며 주겠노라."

옥황상제님은 흐뭇한 얼굴로 말했습니다. 거인 천사의 얼굴에도 기쁜 미소가 떠올랐습니다.

옥황상제님은 약속한 대로 지구를 아름답게 꾸미기 시작했습니다. 갖가지 씨앗을 뿌려 식물이 자라나게 하고, 비를 내려 지구의 깊은 골마다 물이 흐르게 하였습니다.

거인 천사가 진흙을 높이 쌓아 놓은 곳은 산이 되었

습니다. 산에는 많은 나무들이 울창하게 숲을 이루어 자라났습니다.

거인 천사가 진흙을 평평하게 다져 놓은 곳은 평야가 되었습니다. 이 평야에서는 곡식들이 자라났습니다.

거인 천사가 바닥이 드러나도록 진흙을 파낸 곳은 바다가 되었고, 깊게 골을 파 놓은 곳은 강과 시내가 되었습니다.

지구는 이제 우주에서 가장 아름다운 별이 되었습니다.

지구가 이렇게 아름다워지자 하늘 나라에서 살던 각종 동물들이 지구로 이사를 떠났습니다.

옥황상제님을 비롯한 하늘 나라의 식구들은 모두 흐뭇한 마음으로 아름다운 지구의 경치를 구경하였습니다.

물론 거인 천사도 벙긋벙긋 웃으며 사랑스러운 눈으로 지구의 모든 것을 살펴보았지요.

이렇게 지구가 생겨났다는 옛날 이야기랍니다.

바닷물은 왜 짤까요?

여러분 중에는 여름에 해수욕을 가서 실수로 바닷물의 맛을 본 사람이 있을 것입니다.

바닷물의 맛이 어떠하던가요?

바닷물은 짠맛을 지니고 있습니다.

지구 위에 있는 땅의 넓이보다 약 3.3배 더 넓은 바다의 물맛이 짠 까닭은 무엇일까요?

땅 위를 흐르는 시내나 강물이 바다로 모여든다는 것은 누구나 잘 알고 있는 사실입니다.

이 세상에 있는 모든 강물은 바다로 흐릅니다. 바다

로 흘러드는 강물의 양은 무척 많습니다.

강물의 맛은 싱겁습니다. 우리가 보통 마시는 물맛과 같습니다.

이렇게 싱거운 강물이 바닷물과 섞이고 있지만 바닷물의 맛은 별로 변하지 않습니다. 그대로 짠맛이지요.

과학자들은 바닷물의 맛이 왜 짠지에 대해 많은 연구를 합니다.

과학자들은 바닷물이 짠 이유에 대해서 여러 가지 생각을 해 보았습니다.

어떤 과학자는 바다 밑에 소금으로 이루어진 바위가 있어서, 그것이 점점 녹아 바닷물이 짜게 된 것이 아닌가 라고 생각하기도 합니다.

다른 과학자는 바다에 사는 생물들이 소금 성분을 몸에서 내놓기 때문에 바닷물이 짠맛을 지니게 되었다고 주장합니다.

사람의 몸에도 소금 성분이 있습니다.

햇볕 아래서 뛰어다니며 놀다 보면 온몸에 땀이 흐릅니다.

얼굴 위를 흘러내리던 땀이 잘못하여 입 속으로 들어가는 경우가 있습니다. 이 때 우리는 땀 맛을 보게 됩니다.

땀의 맛은 어떠한가요?

땀의 맛 역시 바닷물과 마찬가지로 짠맛을 지닙니다.

이것은 사람의 몸 속에서 소금 성분이 녹아 땀과 함께 밖으로 나오기 때문에 생기는 현상입니다.

이와 마찬가지로 바다 속에 사는 여러 가지 생물들도 몸 밖으로 짠 성분을 내놓습니다.

조개 종류는 껍질을 만드는 과정에서 많은 소금기를 내놓습니다.

물고기들은 뼈를 만드는 과정에서 생기는 소금기를 밖으로 내놓습니다.

바다 속에는 셀 수 없이 많은 생물들이 살고 있습니다.

이 모든 생물들이 밖으로 내놓는 소금들이 녹아 바닷물이 짜게 되었다는 과학자의 주장도 그럴 듯 합니다.

바다마다 맛이 똑같은 것은 아닙니다.

바닷물의 맛은 대체로 짭니다.

그러나 바다마다의 짠 강도는 다릅니다.

비가 많이 오는 지방의 바닷물은, 비가 적게 오는 바닷물의 맛보다 싱겁습니다.

또한 빙하가 있는 지역의 바닷물도 빙하가 없는 지역의 바닷물보다 그 맛이 싱겁습니다.

그와는 반대로, 햇볕이 많이 내리쪼이는 지방의 바닷물은 햇볕이 적게 내리쪼이는 지방의 바닷물보다 그 맛이 훨씬 더 짭니다.

난로 위에 물이 든 주전자를 올려놓고 있어 보면, 시간이 흐름에 따라 물이 변하는 것을 볼 수가 있습니다.

차갑던 물이 따뜻해지고, 점점 더 오래 있다 보면 부글부글 거품이 올라오면서 물이 끓는 것을 볼 수 있습니다.

끓는 물을 계속 난로 위에 놓아 두면 어떻게 될까요?

물은 계속 김을 내며 끓습니다.

그러나 자세히 관찰하면, 물은 그저 끓고 있는 것만이 아닙니다.

끓는 물을 계속 끓이면, 물의 양이 줄어듭니다. 물이 김으로 변하여 공기 중으로 달아나 버리는 것이지요.

이러한 현상을 '증발' 이라고 합니다.

증발은 꼭 끓는 물에서만 생기지는 않습니다.

햇빛이 쨍쨍한 날, 물 한 대접을 창가에 놓아 둡시다.

저녁때가 되어서 보면, 대접에 든 물의 양이 줄어든 것을 알 수 있습니다.

햇빛에 의해서 물이 증발한 것입니다.

이렇게, 물은 꼭 전체를 끓여야만 증발하는 것이 아

증발이란…
데워진 물이 김으로
변하여 공기중으로
달아나는 것을 말하죠

닙니다.

많은 물이 모여 있는 곳에서는 물의 제일 윗 부분만 눈에 보이지 않게 끓어서 증발해 버립니다.

햇볕이 강하게 내리쪼일수록 물은 많이 증발해 버립니다.

물은 증발하지만, 소금은 증발하지 않습니다.

그러므로 햇볕이 강한 지방의 바닷물은, 그렇지 않은 지방의 바닷물보다 그 맛이 더 짭니다.

이렇게 생각한다면, 제일 짠맛을 지닌 바다는 제일 더운 지방의 바다일 것이라고 쉽게 결정지을 수 있습니다.

지구에서 가장 더운 지방은 우거진 정글과 밀림이 있는 적도 지방입니다.

그렇다면 적도 지방에 있는 바닷물이 세상에서 제일 짠 바닷물일까요?

그것은 아닙니다.

왜냐하면 적도 지방은 비가 무척 많이 내리기 때문입니다.

바닷물이 증발하는 양보다 비가 내리는 양이 더 많기 때문에 적도 지방의 바닷물은 중간 정도의 짠맛을 지닙니다.

세계에서 제일 짠맛을 가진 바다는 남북회귀선 근처에 있는 바닷물입니다.

이 곳은 바닷물이 증발하는 양은 적도 지방보다 적습니다. 하지만 이 지방은 비가 거의 내리지 않기 때문에 적도 지방보다 더 짠 바닷물을 지니게 됩니다.

바닷물 속에 녹아 있는 소금의 양은 무척 많습니다.

바닷물 속에 들어 있는 소금을 모두 말려서 땅위에 깐다면, 그 높이가 152cm정도 될 것입니다.

바닷물 속에는 소금 성분 말고도 다른 것이 많이 녹아 있습니다.

이들은 바다 속에서 생물이 살아갈 수 있도록 해주는 중요한 성분입니다.

바다 속에 사는 생물이 죽으면, 그 몸이 썩어서 여러 가지 영양분으로 나뉘어집니다. 이 영양분들은 물 속에 녹아 다른 살아 있는 생물들의 먹이가 됩니다.

바닷물에는 이러한 영양분 외에 또 다른 것도 들어 있습니다.

그것은 바로 공기입니다.

땅 위에서 사는 우리들은 코로 공기를 들이마셔 숨을 쉽니다.

하지만 물 속에 사는 생물들은 물 속에 녹아 있는 공기를 들이마시며 살 수 있도록 몸의 구조가 이루어져 있습니다.

물고기는 아가미로 물 속에 녹아 있는 공기를 들이마셔 숨을 쉽니다.

바닷물을 두 손으로 떠서 보면 아무 색도 없습니다.

그러나 바다 전체를 바라다보면 전체적으로 파란색을 띠고 있다는 것을 알 수 있습니다.

하지민 모든 바다가 나 파란색은 아닙니다.

'홍해' 라는 바다는 붉은 색을 띠고 있습니다.

홍해에는 붉은 색의 해초들이 많이 살고 있습니다.

이 붉은 색의 해초들 때문에 홍해는 마치 바닷물 자체가 붉은 색처럼 보입니다.

대부분의 바다가 푸른 색을 띠고 있는 것은 하늘이 푸른 것과 같은 이치입니다.

하늘도 항상 푸른 것만은 아닙니다.

저녁 노을이 질 때의 하늘을 본 적 있나요?

해가 넘어 갈 무렵의 하늘은 붉은 색과 노란색 등 각종 색깔이 어우러진 풍경을 이룹니다.

이 때의 하늘에는 대부분 구름이 끼어 있습니다.

낮의 하늘은 태양으로부터 지구로 오는 일곱 가지 무지개 빛깔 중에서 파란색만을 반사시킵니다.

이 반사된 파란색깔들은 다른 빛깔이 보이지 않도록 신나게 춤을 춥니다. 그래서 하늘이 온통 파랗게 보이는 것이지요.

하지만 구름이 잔뜩 끼인 저녁에는 햇빛이 보내는 파란색 빛깔을 구름이 막아 버립니다. 그래서 다른 색깔들이 보이게 되는 것이지요.

바다의 색깔도 이와 마찬가지입니다.

바닷물도 보통 때는 햇빛의 파란색만을 반사합니다.

이럴 때의 바닷물은 푸릅니다.

그러나 해가 진 다음이나 노을이 졌을 때의 바닷물은 푸르지 않습니다.

해가 지면, 바닷물도 어두운 색이 됩니다.

노을이 지면, 바닷물도 노을 빛깔이 됩니다.

결국, 바닷물의 색깔은 햇빛에 의해서 주로 결정된다고 말할 수 있습니다.

어떤 짓궂은 사람들은 바다가 푸른 이유를 우스갯소리로 다음과 같이 말하기도 합니다.

"바다가 푸른 건 왜 그런지 알아? 바닷가엘 한번 가 봐. 매일매일 파도가 몰아쳐서 바위에 부딪치잖아. 그 단단한 바위에 부딪치며 살아야 하니 얼마나 아프겠어? 그뿐만이 아냐. 사람도 기둥에 부딪치면 시퍼렇게 멍이 들잖아. 바다도 이와 마찬가지야. 매일 바위에 부딪쳐서 시퍼렇게 멍이 든 거야. 그래서 바다는 푸르다고!"

어떠십니까? 이 사람의 주장도 그럴 듯한가요?

하지만 정확히 알아 둡시다.

바다가 푸른 것은 햇빛에 의해서입니다.

햇빛에서 나오는 색깔은 빨강, 주황, 노랑, 초록, 파랑, 남색, 보라의 일곱 가지입니다.

이 일곱 가지 색깔 중 파란색을 제외한 다른 색깔들은 모두 바다 속으로 깊이 들어가 숨어 버립니다.

그러나 파란색 빛깔은 키가 작아서 물 속으로 깊이 들어가지 못합니다.

그래서 파란색 빛깔들은 물 얕은 곳에서 혹은 물 위에서 흔들흔들 춤을 춥니다.

사람이 멀리서 바다를 보았을 때 푸르게 보이는 것은 바로 이러한 이유 때문입니다.

하지만 바다 속에 붉은 해초가 많이 살고 있다든지, 구름이 많이 끼어 햇빛이 가려질 때의 바다 색깔은 우리가 상상하는 것보다 훨씬 더 신비한 색깔을 냅니다.

바다에서 흔히 볼 수 있는 것은 거품을 내며 아름답게 부서지는 흰 파도입니다.

파도는 어떻게 생길까요?

파도가 생기는 원인은 바람 때문입니다.

바람은 공기들이 힘을 뭉쳐 날아다니는 현상입니다.

바람이 센 힘으로 바닷물을 밀어내면 바닷물은 바람이 미는 방향으로 달려나가게 됩니다.

이 힘이 강해지면서 바닷물은 위로 솟아올랐다가 다시 내려오게 됩니다.

이 현상이 바로 파도입니다.

파도와 비슷한 현상으로는 '해일' 이 있습니다. 해일은 파도와는 다른 현상입니다.

신기한 바닷고기

물고기도 소리를 낸다

어항 속에서 헤엄치며 돌아다니는 물고기들을 관찰하면 거의 아무 소리도 내지 않는다는 것을 알 수 있습니다.

그렇다면 바다 속에 사는 물고기들도 어항 속의 물고기처럼 조용할까요?

그렇지 않습니다.

바다 속에 사는 물고기들은 매우 시끄럽고 소란스럽

습니다.

어항 속의 물고기는 아무 소리도 내지 않는데, 왜 바다 속에서 사는 물고기들은 소리를 낼까요?

물고기가 소리를 내는 원인은 부레 때문입니다.

부레는 물고기가 물 속을 자유롭게 다닐 수 있도록 해 주는 역할을 하는 기관입니다.

위아래를 오르내려야 할 때에 물고기는 부레에 들어 있는 공기의 양을 조절합니다. 밑으로 내려가야 할 때에는 부레에 들어 있는 공기를 빼고, 위로 올라가야 할 때에는 부레에 공기를 많이 집어넣습니다.

이와 같이 물고기가 위아래로 이동할 때 사용하는 기관이 바로 부레인 것입니다.

물고기가 앞뒤로 이동할 때는 어떤 기관을 이용할까요?

그것은 지느러미입니다.

물고기는 지느러미를 사용하여 앞으로 나아가거나 뒤로 후퇴합니다.

물고기를 위아래로 움직이도록 해 주는 부레는 다른

일도 합니다.

물고기는 부레를 통하여 갖가지 소리를 냅니다.

어떤 물고기는 부레와 뼈를 비벼 이상한 소리를 내기도 합니다. 이 소리는 몹시 크고 시끄럽습니다.

참새라는 물고기는 부레와 물렁뼈를 비벼 마치 속삭이는 듯한 소리를 냅니다.

방귀를 뀌는 물고기도 있습니다.

미꾸라지는 몸 속에 들어 있는 공기를 항문으로 내보냅니다.

이 때 나는 "뿡!" 소리는 사람의 방귀 소리와 꼭 같습니다.

과학자 중에서 미꾸라지의 방귀에 대해서만 연구하는 사람도 있습니다.

미꾸라지와 비슷한 모양을 한 것으로는 장어를 들 수 있습니다.

물론 장어는 미꾸라지보다 무척 몸집이 큽니다.

이 장어 종류는 입이 동그랗게 생겼기 때문에 '원구류' 라고 말합니다.

우리 나라의 북한 지방에서 볼 수 있는 장어는 칠성장어입니다.

칠성장어의 몸길이는 약 60cm정도입니다. 이 칠성장어는 뱀장어와 비슷하게 생겨 징그러운 모습을 하고 있습니다.

칠성장어의 입은 빨아들이는 힘이 굉장히 센 '흡반' 이라는 조직으로 되어 있습니다.

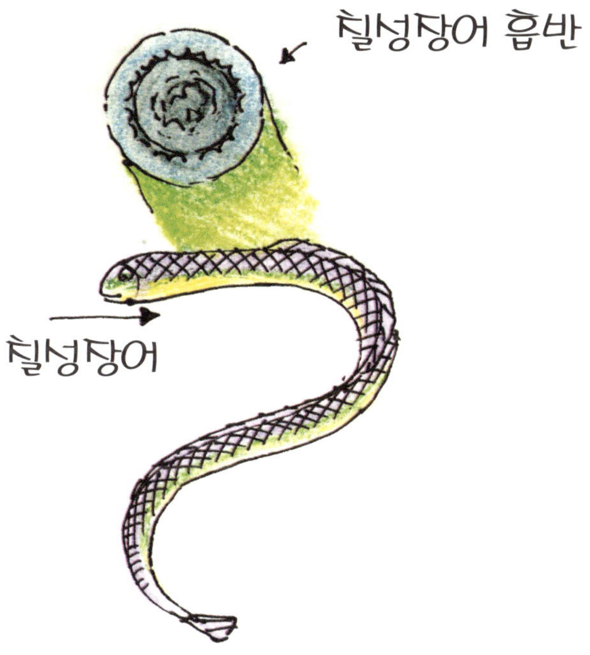
칠성장어 흡반
칠성장어

칠성장어는
북한지방에서
볼 수 있으며 몸길이
60cm, 흡반으로
먹이를 먹습니다.

칠성장어는 먹이의 몸에 흡반을 단단히 붙이고 혀에 나 있는 이와 근육으로 먹이를 먹습니다.

칠성장어의 이 단단한 흡반은 폭포나 소용돌이를 건너야 할 때 편리하게 사용됩니다. 칠성장어는 돌이나 나무토막 같은 물체에 흡반을 단단이 붙여서 폭포나 소용돌이를 안전하게 건너 갑니다.

칠성장어는 바닷물에 살지만, 알을 낳기 위해서는 민물로 이사를 합니다.

칠성장어는 강의 밑바닥에 나 있는 구멍 속에 알을 낳습니다.

구멍이 없을 때에는 입으로 돌을 물어다 쌓아 구멍을 만듭니다. 그리고는 그 구멍 속에 알을 낳습니다.

우리 나라의 남한 지방에서 볼 수 있는 장어는 먹장어입니다.

먹장어는 칠성장어와는 조금 다른 모습을 하고 있습니다.

먹장어는 입이 작고 머리의 앞에 손가락처럼 생긴 작은 촉수들이 달려 있습니다.

먹장어는 알을 낳기 위해 민물로 가지 않습니다.

먹장어는 얕은 바닷가의 7~15m 정도 깊이에서 사는 완전 해양어류입니다.

먹장어는 주로 죽은 고기를 먹고 삽니다. 먹이로 삼기 위해 다른 생물을 먼저 공격하지는 않습니다.

하지만 병이 들어 죽어 가는 물고기를 보면, 그 물고기의 항문 속으로 들어가 내장을 꺼내 먹기도 합니다.

물 속에서 살면서 등뼈가 있는 물고기를 좀 어려운 과학적 말로 '유영동물'이라고 합니다.

유영동물은 물의 흐름과 관계없이 자기가 원하는 곳으로 헤엄쳐 갈 수 있습니다.

물론 이 유영동물이 헤엄쳐 갈 수 있는 거리는 전체 바다 넓이에 비한다면 비교할 수는 없이 짧은 거리입니다.

빈집을 찾아다니는 집게

바다 밑은 그저 평평하게 생겼으리라고 생각하기 쉽

지만 사실은 그렇지 않습니다.

바다 밑 땅에도 물 위의 땅처럼 갖가지 모양을 하고 있습니다.

즉, 바다 밑에도 산이 있고 골짜기가 있습니다. 바위도 있고 동굴도 있습니다.

바다 얕은 곳에 있는 산을 '대륙붕' 이라고 합니다.

이 대륙붕에는 많은 생물들이 살고 있습니다.

게나 소라, 고동 같은 것들도 대륙붕에 사는 대표적인 해양생물입니다.

게는 보통 집없이 살지만, 특별히 남의 집 속에 들어가 사는 종류도 있습니다. 이러한 종류의 게를 집게라고 합니다.

집게는 자기가 직접 집을 만들지는 못합니다.

그래서 빈 소라나 고동의 집을 찾아다닙니다.

대륙붕에는 주인이 죽어 버려 빈 채로 굴러다니는 소라나 고동의 껍질이 많습니다.

집게는 자기가 살 집을 차지하기 위해서 살아 있는 소라나 고동을 공격하지 않습니다. 단지 속이 비어 있는지, 아니면 주인이 들어 있는지를 확인하기 위해서 껍질을 몇 번 굴려 볼 뿐입니다.

비어 있는 소라나 고농 껍질을 발견하면, 집게는 그 집이 자기에게 알맞은지 또는 그렇지 못한지 조심스럽게 확인합니다.

겉을 살펴본 후에는 껍질의 안으로 들어가 조사합니다.

집의 크기가 자기의 몸에 알맞은지, 집을 메고 다니기에 가벼운지, 무거운지를 세밀하게 조사합니다. 알맞다고 생각되면 집게는 그제서야 소라나 고동의 껍질을 자기의 집으로 삼고 살아갑니다.

만일 조사한 껍질이 마음에 들지 않는다면 집게는 미련없이 그 껍질을 버리고 다른 껍질을 찾아갑니다.

집게는 몸이 자라나면 비좁은 옛 집에서 나와 새로운 집을 찾습니다. 이렇게 집게는 몸의 크기에 맞추어 집을 여러 번 바꾸어가며 삽니다.

집으로 삼을 소라나 고동의 껍질이 부족하게 되면 바다 밑 세상에서도 주택난이 일어납니다.

적당한 껍질을 찾지 못하는 집게들은 하는 수 없이 밖에서 잠을 자야 합니다.

이럴 때에 집게는 그냥 맨바닥에서 잠을 자는 것이 아닙니다.

다른 생물들의 몸껍질 속에 들어가 일시적인 집으로 삼습니다.

대륙붕에는 각종 새우나 게 등의 겉껍질이 많이 널려

집게는
몸이 자라면서
옛집을 버리고
자신의 몸크기에
알맞은 새 집을
찾는구나

져 있어 임시집으로 사용하기에는 부족함이 없습니다.

바다 밑에 있는 산들은 몹시 가파릅니다.

바다 밑으로 갈수록 햇빛의 양이 적어져서 점점 어두워집니다.

어두운 바다 밑에서 사는 생물들은 대부분 못생기거나 납작한 모양으로 된 것이 많습니다.

하지만 그 중에는 별도로 아름다운 모양을 하고 있는 생물들도 있습니다.

바다수세미는 바다 밑바닥에서 살지만 그 생김새는 무척 아름답습니다.

바다수세미는 마치 예쁘게 꼬아 놓은 밧줄 같은 모양을 하고 있습니다.

바다수세미 속에 들어갔다가 빠져 나오지 못하고 그 안에 갇히게 된 새우를 '해로동혈' 이라고 부릅니다.

암 · 수 두 마리의 새우가 바다수세미의 몸 속으로 멋모르고 들어갔다가 빠져 나오지 못하고 갇힌 것이 바로 '해로동혈' 입니다.

일본에서는 이렇게 새우가 들어 있는 바다수세미를

결혼선물로 주기도 합니다.

바다 밑바닥에 살고 있는 생물 중에는 몸에서 빛을 내는 것이 있습니다.

움벨룰라와 바다부채 같은 것이 바로 몸에서 빛을 내는 생물입니다.

바다부채는 우리가 잘 알고 있는 산호의 일종입니다.

산호는 바다 밑바닥에 살며 매우 아름다운 빛깔과 모양을 지닌 동물입니다.

하지만 일단 물 밖으로 나오면, 산호는 금방 죽어버리며, 그 아름다운 색깔도 거의 없어져 버립니다.

산호는 몸을 바다 밑바닥에 붙이고 살기 때문에 '부착 동물' 이라고 부릅니다.

이렇게 몸을 바다 밑바닥에 붙이고 사는 대표적인 동물로서는 말미잘을 들 수 있습니다.

바다백합도 부착 동물 중에 하나입니다.

사람을 잡아먹는 상어 카르카로돈

「죠스」라는 영화를 본 적이 있나요?

한여름의 시원한 해변에서 많은 사람들이 해수욕을 즐기고 있었습니다.

그 때 갑자기 여자의 비명소리가 들립니다.

상어가 나타난 것이지요.

해수욕을 즐기던 사람들은 모두 어디론가 사라져버리고 바닷가엔 아무도 남아 있지 않았습니다.

이렇게 시작되는 영화가 바로 납량특집으로 자주 볼 수 있는 「죠스」입니다.

「죠스」에서 나오는 상어들은 사람들을 공격하여 마구 잡아먹습니다.

하지만 이 영화는 사람들의 흥미를 끌기 위해서 여러 가지 사실을 과장하여 만든 것입니다.

대부분의 상어는 사람을 해치지 않습니다.

다만 물 속에 들어간 사람이 상처를 입어 피를 흘렸을 경우에는 매우 위험합니다.

피 냄새는 바닷속의 상어를 불러모으는 역할을 하기 때문이지요.

사람을 잡아먹는 상어는 카르카로돈이라는 이름의 상어입니다.

카르카르돈은 주로 열대 지방의 바다에 삽니다. 하지만 가끔씩은 온대 지방의 바다까지 헤엄쳐 오기도 합니다.

카르카로돈의 몸길이는 보통 6~9m입니다. 이보다 훨씬 더 큰 몸집을 한 카르카로돈도 있습니다.

카르카로돈은 무척 식성이 좋은 상어입니다.

카르카로돈은 멸치처럼 작은 물고기부터 어린 물개까지 가리지 않고 마구 먹습니다.

뿐만 아니라, 항구에 묶여 있는 배에서 버리는 각종 음식물 찌꺼기까지 꿀꺽꿀꺽 받아 먹습니다.

고래잡이 배에 잡힌 어떤 카르카로돈의 배에서는 통조림, 커다란 양의 뼈, 돼지 뒷다리, 큰 덩치의 불독 한 마리가 통째로 나왔다고 합니다.

카르카로돈보다 몸집이 더 큰 상어는 고래상어입니다.

고래상어는 몸의 길이가 12m정도입니다. 고래상어의 몸에는 희고 노란 무늬가 있어 몹시 아름답습니다.

덩치는 크지만, 고래상어는 사람에게 절대로 해를 끼치지 않습니다.

고래상어는 커다란 입을 쫘악 벌리고 작은 물고기들이 많은 곳을 천천히 헤엄쳐 다닙니다. 그러면 작은 물

사람을 잡아먹는 상어는 "카르카로돈"이며 몸길이가 6~9m 정도랍니다.
고래상어는 그보다 훨씬 더 커서 약 12m정도나 된답니다.

고기들이 자동적으로 고래상어의 입 속으로 헤엄쳐 들어갑니다.

입 속으로 작은 물고기들이 적당히 들어간 듯 싶으면 고래상어는 입을 다물고 꿀꺽 삼킵니다. 이것이 고래상어의 식사하는 방법입니다.

고래상어와 비슷하게 생긴 것으로는 돌묵상어가 있습니다.

돌묵상어는 일광욕상어라고도 합니다.

돌묵상어의 몸길이는 약 9m 정도입니다. 돌묵상어는 바다 위에서 마치 일광욕을 하는 것처럼 천천히 헤엄쳐 다니기 때문에 일광욕상어라고 부르기도 하는 것입니다.

카르카로돈이나 고래상어보다 몸집이 훨씬 작은 상어도 많이 있습니다.

귀상어의 몸길이는 약 2~4m 정도입니다. 얼굴이 망치처럼 생겼기 때문에 망치상어라고도 합니다.

망치상어는 작은 물고기를 잡아먹고 살지만, 고기를 잡기가 귀찮을 때는 바다 밑으로 내려가 게나 가재를

잡아먹기도 합니다.

전자리상어는 아주 괴상한 모습을 하고 있습니다.

전자리상어는 스님들이 쓰고 다니는 고깔 모자의 모양을 닮았다고 해서 스님상어라고도 불리웁니다.

전자리상어의 몸길이는 2.4m 정도인데 몸이 넓적하여 마치 가오리처럼 보이기도 합니다.

전자리상어는 둔하고 둥근 주둥이를 하고 있습니다.

전자리상어는 생긴 모습만으로는 가오리과에 속할

듯해 보입니다.

하지만 동물을 연구하는 과학자들은 전자리상어를 해부해 보고, 등뼈와 아가미 등 여러 기관이 상어와 더 가깝게 생겼다고 결정지었습니다.

전자리상어가 가오리와 비슷하게 생긴 것처럼 상어와 비슷하게 생긴 가오리들도 많이 있습니다.

바다 속의 못난이, 가오리

바다 속에 사는 생물 중에서 못생기기로 둘째가라면 서러울 것이 바로 가오리입니다.

가오리는 바다 밑바닥에서 주로 사는데 못생긴데다가 운동 속도도 느립니다.

가오리는 바다 밑에서 살기 때문에 물이 누르는 힘을 많이 견뎌야 합니다.

그래서 가오리의 몸은 납작하게 생겼습니다.

또한 몸을 보호하기 위해서 가오리의 등 부분은 바다

밑바닥 색깔과 같이 아주 짙은 색을 띠고 있습니다.

그와는 반대로 가오리의 배 부분은 흰색에 가깝습니다.

가오리가 배를 바다 밑바닥에 착 갖다 붙이고 쥐죽은 듯이 엎드려 있으면 어디가 바다 밑바닥이고 어디가 가오리의 등인지 알아 내기 힘들 정도입니다.

가오리는 다른 물고기와 마찬가지로 아가미를 통하여 숨을 쉽니다.

하지만 아가미로 숨을 쉬는 것은 가오리가 헤엄을 치고 있을 때 뿐입니다.

바다 밑바닥에 엎드려 있을 때는 아가미로 숨을 쉴 수가 없습니다.

만일 바다 밑바닥에 엎드려 아가미를 들썩이며 숨을 쉰다면 모래나 진흙이 아가미 속으로 들어가 가오리는 캑캑거리며 기침을 해야 될지도 모릅니다.

그래서 바다 밑바닥에 있을 때에는 가오리의 두눈 뒤에 뚫려 있는 구멍으로 숨을 쉽니다.

이 구멍은 사람의 콧구멍과 비슷한 역할을 합니다.

이 구멍을 '기문' 이라고 합니다.

가오리의 입은 바다 밑바닥에 있는 먹이를 먹기에 편리하도록 배 쪽에 붙어 있습니다.

가오리의 크기는 무척 다양합니다.

작은 가오리는 몸의 길이가 보통 30~60cm 정도이지만 쥐가오리같은 큰 종류는 몸의 길이가 6m나 되기도 합니다.

쥐가오리는 바다 밑바닥에서 생활하지 않습니다.

쥐가오리는 바다 표면을 헤엄쳐 다닙니다. 쥐가오리의 헤엄치는 모습은 바람에 펄럭이는 옷자락처럼 보이기도 합니다.

쥐가오리는 가끔씩 바닷물 위로 뛰어오르기도 합니다.

가오리 등의 색깔은 바다 밑바닥 색깔과 거의 비슷하여 가오리의 몸을 잘 보호해 줍니다.

이렇게 몸을 지켜주는 색깔을 '보호색' 이라고 합니다.

어떤 종류의 가오리들은 등에 가시가 나 있습니다.

이런 가오리들은 적을 만나면 마치 고슴도치처럼 몸을 동그랗게 굴려 가시를 내보이며 적을 위협합니다.

꼬리에 못처럼 날카로운 뿔이 달려 있는 가오리도 있습니다.

또한 어떤 가오리는 몸에 전기를 내는 기관이 있어 적에게 전기충격을 주기도 합니다.

시끈가오리가 바로 전기를 내는 가오리입니다.

시끈가오리의 가슴지느러미와 머리 사이에는 전기를 만들어내는 발전기관이 있습니다.

가오리 중에는 주둥이가 특이하게 생긴 것도 있습니다.

주둥이가 반원통형으로 길게 나와 마치 톱처럼 생긴 가오리를 톱상어라고 부릅니다.

상어 중에서도 가오리와 비슷하게 생긴 전자리상어가 있듯이, 가오리 중에서도 상어와 비슷한 톱상어가오리가 있는 것입니다.

톱상어는 커다란 몸집과 강력한 톱 무기를 갖고 있지만 성질은 온순한 편입니다.

톱상어는 배가 부르면 다른 물고기를 해치지 않습니다.

톱상어는 길고 튼튼한 주둥이를 이용하여 바다 밑바닥을 파거나, 작은 물고기들을 잡아먹기도 합니다.

톱상어는
몸길이가
6~9m 정도인데
주둥이의 길이가
1.8m 정도나 되며
성질은 온순한
편이죠

커다란 톱상어의 몸길이는 6~9m 정도인데 이중에 약 1.8m가 주둥이의 길이입니다.

전자리상어와 가오리는 모두 바다 밑바닥에서 생활하기에 편리하도록 몸 구조가 발달되어 있습니다.

상어와 가오리는 분명히 종류가 다른 물고기이지만, 비슷한 환경에서 살기 때문에 비슷한 모양을 하고 있는 것입니다.

이러한 현상은 과학자들에게 매우 흥미로운 관심거리입니다.

서로 다른 종류의 생물이 같은 생활환경에서 산다고 하여 그 모습이 비슷해져가는 것은 과학자가 아닌 우리들이 생각해도 무척 재미있는 일입니다.

이러한 현상은 커다란 물고기와 고래의 경우에서도 볼 수 있습니다.

고래는 원래 땅 위에서 살던 젖먹이 동물이었습니다. 그렇지만 바다 속에 들어가서 살게 되면서부터는 물고기와 같은 모습을 하게 된 것입니다.

남극의 황제 펭귄

멋들어지게 양복을 차려 입고 뒤뚱뒤뚱 얼음 위를 걸어가는 신사를 본 적 있나요?

이들이 바로 남극의 황제 펭귄이랍니다.

펭귄은 새입니다.

그러나 펭귄은 날지 못합니다. 하늘을 나는 것은 할 수 없지만 수영실력은 어느 새 못지않게 훌륭합니다.

펭귄의 평균 수영 속도는 시속 24km입니다.

그러나 블루 펭귄이나 겐토 펭귄은 더 빠른 속도로 수영을 할 수 있습니다.

펭귄은 새이기 때문에 날개를 이용해서 수영을 합니다. 정확히 말하자면 수영을 하는 것이라기 보다 물 속에서 나는 것이라고 말해야 할 것입니다.

수영을 할 때 펭귄의 다리와 발은 방향을 바꾸는 데만 쓰입니다.

펭귄이 수영하는 모습은 아주 재미있습니다. 작은 날개를 부지런히 움직이면서 앞으로 돌격하는 병정처럼 보이기도 합니다.

펭귄의 종류는 열다섯 가지로 나누어 집니다.

그 중 갈라파고스 펭귄만 열대 지방에서 살고 나머지 펭귄들은 모두 남극에서 살고 있습니다.

펭귄 중에서 가장 몸집이 큰 종류는 황제 펭귄입니다.

황제 펭귄은 키가 1.2m정도이며, 몸무게가 3.4kg정도 나갑니다.

몸집이 작은 펭귄은 남극해의 섬에 살고 있는 록호퍼 펭귄입니다.

아델라이 펭귄은 이름도 예쁘지만, 어린이들의 장난

감처럼 귀엽게 생긴 펭귄입니다.

마카로니 펭귄은 머리에 득이한 깃털이 나서 붙여진 이름입니다.

재커스 펭귄의 울음소리는 마치 당나귀의 울음소리처럼 들립니다.

크레스티드 펭귄은 뉴질랜드의 스나리스 지방에 살

고 있습니다.

펭귄은 거의 바닷가에서만 생활합니다.

펭귄은 아주 용감하여 거친 폭풍우도 무서워하지 않습니다.

펭귄의 헤엄치는 모습을 자세히 살펴보면, 돌고래가 헤엄치는 모습과 비슷합니다.

펭귄은 자식에 대한 사랑이 아주 깊습니다.

엄마 펭귄이 알을 낳으면, 아빠 펭귄이 와서 그 알을 따뜻하게 품습니다.

알에서 귀여운 새끼 펭귄이 나올 때까지 아빠 펭귄은 아무것도 먹지 않고 그대로 서서 알을 따뜻하게 품고 있습니다.

새끼 펭귄이 알에서 나올 즈음이면 아빠 펭귄은 너무도 배가 고파 곧 쓰러질 지경이 되어 버립니다.

귀여운 새끼가 알에서 깨어 밖으로 완전히 나오면 아빠 펭귄은 그제서야 비틀거리며 바닷속으로 먹이를 찾아 뛰어듭니다.

그 때부터는 배불리 먹이를 찾아 먹은 엄마 펭귄이

엄마펭귄이 알을
낳으면 아빠펭귄이
아무것도 먹지 않고
새끼 펭귄이
태어날때까지
알을 품는답니다.

새끼 펭귄을 보살펴 줍니다.

어린 펭귄의 발이 시릴까봐 자기의 발 위에 어린 펭귄을 올려 놓고 서 있는 펭귄들의 모습을 흔히 볼 수 있습니다.

펭귄은 물고기와 오징어 같은 연체동물들을 먹고 삽니다.

펭귄의 가장 무서운 적은 범고래와 물개입니다.

펭귄은 적으로부터 자신을 지킬 만한 특별한 무기가 없습니다. 그렇다고해서 재빠르게 도망을 칠 수도 없습니다.

그래서 펭귄들은 서로 힘을 합하여 적과 대항합니다.

펭귄들은 무서운 적이 다가오면 모두 모여들어서 벽을 쌓는 것처럼 서로를 둘러쌉니다.

펭귄의 숫자는 적의 숫자에 비해서 월등하기 때문에 종족을 유지하는 데는 별 어려움이 없습니다.

하지만 사람들이 마구 펭귄을 잡아들인다면 펭귄은 살아남기 힘들 것입니다.

바다에서 사는 새들

바다에서 사는 새 중에서 대표로 꼽을 수 있는 것은 신천옹입니다.

신천옹은 한쪽 날개의 길이가 30cm이상인 커다란 새입니다.

배회신천옹은 날개의 끝이 검은색이며 몸은 흰색입니다. 부리는 노란색이며 끝이 구부러져 있습니다.

신천옹은 오징어를 아주 좋아합니다.

바닷속에 사는 생물들은 밤이 되면 물의 위쪽으로 떠오릅니다.

신천옹은 주로 밤에 먹이사냥을 나갑니다.

신천옹은 펭귄과 마찬가지로 물 위에서 잠을 잡니다.

바다 위를 지나가는 배가 보이면, 신천옹은 떼를 지어 배의 뒤를 따라갑니다. 배에서 나오는 음식찌꺼기를 먹기 위해서입니다.

신천옹들은 바람을 타는 재주도 있습니다. 바람이 불

면 날개를 펄럭이지도 않고 그대로 바람 따라 하늘 높이 올라갑니다.

몇 시간이고 그대로 올라가다가 내려오고 싶으면 둥그렇게 원을 그리며 내려옵니다.

신천옹이 날아 오르려면 상당한 거리를 뛰어가다가 날거나, 아니면 절벽 위에서 뛰어내리면서 날아야 합니다.

그러므로 사람에게 한번 잡히면 신천옹은 다시 날아오를 수 없습니다.

서양의 뱃사람들 사이에는 신천옹을 죽이면 무서운 저주가 내려진다는 미신이 있어서 신천옹을 잡더라도 그냥 놓아주곤 했습니다.

하지만 신천옹의 깃털이 비싼 값으로 팔리자 욕심 많은 사람들은 마구 신천옹을 잡아들였습니다.

신천옹 중에서도 뛰어나게 아름다운 스텔러즈 알바트로스라는 이름의 신천옹은 거의 멸종되다시피 하여 지금은 겨우 몇 쌍만이 살아 있다고 합니다.

섬새 종류들은 신천옹처럼 구부러진 부리를 갖고 있

지만, 모습은 신천옹과 다릅니다.

섬새들에게는 특이한 성질이 있습니다.

섬새는 절벽 위에 난 잔디에 구멍을 파고 알을 낳습니다.

새끼가 깨어나서 어느 정도 자라면 어미는 아무 말도 없이 훌쩍 자기가 살던 옛 고향으로 떠나 버립니다.

혼자 남은 새끼 섬새는 절벽 끝까지 뒤뚱거리며 걸어가서는 바닷물로 뛰어내립니다.

바닷물 위에서 떠돌며 얼마 동안 산 뒤에 새끼 섬새도 어미가 간 곳으로 따라갑니다.

참으로 이상한 일은 어미가 간 곳을 아무도 가르쳐 주지 않았는데, 새끼들은 틀림없이 어미가 사는 곳을 찾아간다는 사실입니다.

과학자들은 섬새가 하늘에 뜬 별을 보고 어미가 있는 곳으로 찾아간다고 말합니다.

바다에 사는 새들 중에서는 몸집이 작은 편에 속하는 스톰 페트렐이라는 새는 여러 가지 이름으로 불리어집니다.

배가 바다 위를 항해하고 있을 때, 스톰 페트렐이 많이 모여들면 선원들은 곧 태풍이 불 것이라고 생각합니다.

스톰 페트렐의 뜻은 '태풍 경보' 입니다.

스템 페트렐은 엉덩이 부분만 약간 흰색을 띠고 있을 뿐, 몸 전체가 검은 색입니다.

스톰 페트렐의 다리는 가늘고 길며 날개는 좁고 끝이 뾰족하게 생겼습니다.

스톰 페트렐은 주로 밤에 활동하는데 밤바다에 떼를 지어 날아다니는 모습을 보면 마치 유령이 나타나 바다 위를 거니는 듯한 모습이라고 합니다.

스톰 페트렐의 울음소리는 하도 괴상하여 듣는 사람의 등골을 오싹거리게 만듭니다.

스톰 페트렐은 물 위를 찰박찰박 뛰어다니며 먹이를 잡습니다.

스톰 페트렐의 이런 모습은 바다 위를 걸었던 예수님의 제자 베드로를 생각나게 합니다.

군함새 역시 바다에 사는 작은 새입니다.

군함새는 몸은 작고 날개는 매우 커서 마치 돛처럼 보입니다.

그렇기 때문에 군함새는 함부로 바다 위로 내려 앉아서는 안됩니다.

만일 바다 위에 앉아 날개가 젖어 버린다면 다시는 날 수 없게 됩니다.

날개에 따뜻한 공기가 섞여 가볍게 되어야만 하늘을 멋지게 날 수 있습니다.

그러나 날개가 물에 젖어 버리면 깃털 사이로 공기를 품을 수가 없게 될 뿐만 아니라 날개가 아주 무거워집니다.

물에 젖지 않은 솜과 물에 젖은 솜을 들어 보면 그 무게가 아주 많이 차이나는 것을 알 수 있습니다.

이것과 똑같은 이치입니다.

군함새는 바닷가에서 사는 새들 중에서 가장 빨리 날 수 있습니다.

군함새들은 때때로 물 가까이로 내려가면서 물 위로 막 떠오르는 먹이를 채어가기도 하고, 다른 새가 물고 있는 먹이를 빼앗기도 합니다.

먹이를 물고 날아가는 갈매기를 발견하면, 군함새는 떼를 지어 쫓아갑니다.

군함새의 날개 길이는 2m 정도로 매우 큽니다. 이런 큰 날개 때문에 무척 빠르게 날 수 있습니다.

여러 마리의 군함새가 뒤쫓아오는 것을 보고, 갈매기

는 깜짝 놀라 먹이를 떨어뜨리고 맙니다.

군함새는 얼른 날아가서 갈매기가 떨어뜨리는 먹이를 받아 먹습니다.

때때로 용감한 갈매기들은 먹이를 빼앗기지 않으려고 군함새와 싸움을 벌입니다.

하지만 군함새의 부리는 날카롭고, 끝이 구부러져 있어 보기만 해도 몸이 움츠러들 정도입니다.

군함새가 싸움에 지는 적은 거의 없습니다.

군함새의 이러한 성질 때문에, 뱃사람들은 군함새를 '바다의 해적' 이라고 부릅니다.

군함새는 부리 끝에서부터 가슴까지 붉은 무늬가 있는 주머니를 가지고 있습니다. 이 곳에는 공기가 들어 있어 마치 풍선처럼 보이기도 합니다.

군함새의 다리에서부터 발톱까지는 털이 많이 나 있습니다.

발가락 사이에는 물갈퀴가 있었던 흔적이 남아 있습니다. 아마도 옛날에는 이들 군함새들이 바다 위를 훌륭하게 헤엄쳐 다녔을 것입니다.

군함새의 꼬리깃털도 특이하게 생겼습니다. 군함새의 꼬리깃털은 무척 길며 그 끝이 뾰족하게 생겼습니다.

군함새가 꼬리깃털을 움직이는 것을 보면 마치 가위가 움직이는 것처럼 보입니다.

바다에 사는 새 하면 우리는 갈매기를 쉽게 떠올릴 수 있습니다.

하지만 갈매기는 바다에서 생활하는 시간보다 육지 위에서 생활하는 시간이 더 많습니다.

바다에서 주로 사는 갈매기로는 키티웨이크를 들 수 있습니다.

물개들의 세계

이 세상에는 무수히 많은 생물이 살고 있습니다. 사람도 그 중의 한 종류입니다.

생물들은 잡아먹고 잡아먹히는 관계를 이루며 삽니다. 이러한 관계를 먹이사슬이라고 부릅니다.

물개는 바닷속에 살고 있는 작은 생물을 주로 먹고 삽니다.

물고기, 오징어, 낙지, 해초 등 물개는 식성이 좋아 닥치는대로 먹습니다.

때로는 새끼 고래나 죽은 동물의 시체도 먹습니다.

물개가 가장 무서워하는 적은 북극곰입니다.
또한 사람도 물개에게는 무서운 존재입니다.
오랜 세월 동안 사람들은 물개를 사냥해 왔습니다.
물개는 인간에게 많은 것을 제공해 줍니다.
물개의 고기는 먹을 수 있고, 지방은 연료로 쓸 수 있습니다. 또한 물개의 가죽은 에스키모인들에게 훌륭한

옷을 제공해 줍니다.

에스키모인들은 물개를 사냥하며 살아갑니다.

그러나 사냥할 수 있는 물개의 수는 점점 줄어들고 있습니다.

물개의 송곳니는 매우 비싼 값으로 팔리기 때문에 사람들은 물개를 마구 잡아들였습니다.

그래서 지금 남아 있는 물개는 얼마 되지 않는 것입니다.

물개가 새끼를 사랑하는 마음은 다른 어느 동물이 따라갈 수 없습니다.

사람들은 물개의 이 성질을 이용하여 물개를 잡습니다.

사람들은 혼자 놀고 있는 새끼 물개를 찾아 때립니다.

난데없이 매를 맞은 새끼 물개는 염소 우는 소리를 내며 웁니다.

새끼의 울음소리를 들은 어미 물개는 허겁지겁 달려와 새끼를 보호합니다.

어미 물개는 사람이 던진 창에 찔려 죽어가면서도 새끼만을 걱정합니다.

코끼리 물개는 아주 큰 몸집을 하고 있습니다.

큰 수코끼리 물개는 그 몸길이가 6m나 된다고 합니다.

코끼리 물개는 무척 뚱뚱하여 게으르게 보이기도 합니다.

코끼리 물개의 수놈은 특이하게 생겼습니다. 수놈의 코는 크게 부풀릴 수 있습니다.

코끼리 물개의 암놈은 코를 부풀릴 수는 없지만 콧구멍을 넓혔다 좁혔다 하는 재주를 가지고 있습니다.

물개가 뚱뚱한 이유는 추위를 잘 견뎌내기 위해서입니다.

물개와 비슷한 종류로는 해다리를 들 수 있습니다.

해다리는 몸길이가 1.2m를 넘지 못하는 물개보다 아주 작은 동물입니다.

해다리는 우리에게 많은 묘기를 보여 줍니다.

해다리는 암초나 해초가 많은 바다에서 무리를 지어

해다리의 몸길이는
1.2m 수영실력은
한시간에 16km
좋아하는 먹이는 성게인데
배위에 올려놓고
먹는대요

살아 갑니다.

해다리가 헤엄을 치는 모습 또한 재미있습니다.

해다리는 물 위에 등을 대고 척 드러누워서 앞발을 가슴에 포개어 얹습니다.

낮잠을 자고 싶을 때에는 햇빛을 가리기 위해서 앞발로 예쁜 두 눈을 살며시 가립니다.

수영을 할 때는 뒷발과 꼬리를 사용하며 한 시간에 16km를 헤엄칠 수 있습니다.

해다리는 먹이를 먹을 때 배 위에 식탁을 차립니다.

해다리가 좋아하는 먹이는 성게입니다. 하지만 작은 물고기도 잡아 먹습니다.

먹이를 잡으면, 물 위에 드러누워 배 위로 올려 놓고 하나씩 집어 먹습니다. 파도가 치고 바람이 심하게 불어도 배 위에 차려 놓은 먹이를 떨어뜨리지 않는 해다리의 재주는 참으로 신기합니다.

큰 성게는 가시가 세므로 이빨로 깨물어 속에 든 것을 핥아 먹지만, 작은 성게는 아무렇지도 않다는 듯이 꿀꺽 삼켜 버립니다.

해다리는 조개를 가슴에 품고 다니다가 적당한 돌을 발견하면 단단한 조개의 껍질을 돌로 깨어 먹는 아주 영리한 동물입니다.

해다리는 물과 육지에서 살아가는데, 바다 위에서만 한 달이 넘도록 살 때도 있습니다.

해다리는 물 위로 떠오른 해초를 리본처럼 몸에 둘둘 감고 잠을 잡니다.

해다리는 한 마리의 새끼를 낳는데, 모성애가 물개 못지않습니다. 어떠한 위험이 닥쳐와도 어미는 새끼의 곁을 떠나지 않습니다.

물개와 해다리는 모두 새끼를 젖 먹여 키우는 젖먹이 동물입니다.

뛰어난 잠수부, 북극곰

물개가 가장 무서워하는 적은 북극곰입니다.

겉모양으로 보아서, 북극곰은 숲속에서 사는 다른 곰들과 똑같습니다.

다만 북극곰은 털 빛깔이 흰 종류가 있다는 것뿐입니다.

북극곰은 뛰어난 수영 선수입니다.

북극곰은 육지와 멀리 떨어진 바다로 나가 자기의 수영 실력을 뽐냅니다.

북극곰은 16~32km 정도의 거리라면 헤엄쳐 건너갔

다 올 수 있습니다.

물 속에서도 북극곰은 제 세상인 양 마음대로 움직입니다. 물 속으로 잠수해 들어가서 물고기들과 수영 실력을 겨루기도 합니다.

북극곰은 땅 위에서 사는 시간보다 물 속에서 사는 시간이 더 많습니다.

북극곰 중에서도 몸집이 큰 백곰은 빙산이 있는 바다에서 살고 있습니다.

6월이나 7월이 되면, 북극곰들은 결혼을 하여 새끼를 갖습니다.

새끼를 밴 암곰은 눈 속에 구멍을 파고들어가 1월이 될 때까지 겨울잠을 잡니다.

새끼를 배지 않은 곰들은 겨울잠을 자지 않습니다. 얼음과 바다 사이를 다니며 먹이를 잡고 수영을 즐깁니다.

북극곰은 보통 한번에 두 마리의 새끼를 낳습니다.

갓 태어난 새끼곰은 몸에 털이 하나도 나 있지 않으며 눈도 뜨지 못합니다.

어미곰의 몸무게가 2.7~3.6t에 달하는 거대한 몸집임에도 불구하고, 새끼들의 몸무게는 겨우 900g 밖에 되지 않습니다. 쇠고기 1근보다 조금 더 무거운 무게이지요.

바다에서 가장 많은 수의 가족을 이루고 사는 것은 새우와 비슷하게 생긴 크릴입니다.

크릴은 물고기들의 중요한 먹이가 됩니다.

물고기들은 크릴을 잡아먹으며 살고, 물개는 이 물고기들을 잡아먹습니다.

북극곰의 먹이는 바로 이 물개입니다.

물 속에서는 물개의 수영 솜씨를 따라갈 수 없지만, 땅이나 얼음 위에서는 쉽게 물개를 잡을 수 있습니다.

물개의 다리는 퇴화되어 마치 지느러미처럼 생겼습니다. 이런 다리로는 빨리 뛸 수 없습니다.

그러나 북극곰은 튼튼한 다리로 얼음이나 땅 위를 성큼성큼 뛰어가 물개를 따라 잡습니다.

하지만 물개를 보자마자 북극곰이 쿵쾅거리며 뛰어가 잡는 것은 아닙니다.

북극곰의 털은 얼음과 비슷한 흰색이기 때문에 얼음 위에서는 쉽게 알아볼 수 없습니다.

북극곰은 물개가 알아차릴 때까지 얼음 뒤로 숨어 가면서 살금살금 다가갑니다.

만일 숨을 만한 얼음이 없다면, 북극곰은 얼음 위에 드러누워서 등으로 기어 물개가 있는 곳까지 다가갑니다.

방심을 하고 있는 물개들은 주위에 물이 없다면 꼼짝없이 북극곰의 먹이가 되고 맙니다.

백곰의 털가죽은 미국 사람들이 무척 좋아하는 상품입니다.

에스키모인들은 북극곰을 사냥하여 고기는 먹고, 털가죽은 요로 사용합니다.

그리고 북극곰의 이빨을 모아 값진 목걸이를 만들어 내기도 합니다.

바다 위를 떠다니는 얼음들

빙하

겨울이 오기를 손꼽아 기다리는 어린이들은 얼음지치기를 할 생각에 온통 마음이 설레이게 됩니다.

얼음은 우리에게 많은 놀이거리를 제공해 줍니다.

얼음에서는 스케이트를 탈 수도 있고 썰매를 탈 수도 있습니다.

아무런 놀이 도구가 없이 그저 비닐 봉지를 하나씩 들고 나와 엉덩이 밑에 깔고 얼음 위를 미끄러져 나가

남극대륙의 빙하를 "내륙빙하" 또는 "대륙빙하"라고 하며 얼음의 두께는 1,000m가 넘는 곳도 있습니다.

는 기분 또한 황홀하기까지 합니다.

모든 땅이 얼음으로 되어 있는 곳이 있다면 얼마나 신날까요?

믿어지지 않겠지만, 지구 위에는 그런 곳이 정말 있습니다.

지구는 공처럼 둥글게 생겼다는 사실을 모르는 사람은 없을 것입니다.

공처럼 둥근 지구의 남쪽 끝으로 가면 얼음으로 된 거대한 땅이 있습니다.

이 곳이 바로 남극입니다.

남극에는 몇 천년, 아니 그보다 훨씬 전부터 내린 눈이 녹지 않은 채로 쌓이고 쌓여서 지금과 같은 얼음땅이 되었습니다.

이렇게 쌓인 눈이 녹지 않고 일년내내 그대로 있는 것을 '만년설' 이라고 합니다.

지구의 남쪽 끝이나 북쪽 끝인 극지방에서는 이런 만년설이 많이 있습니다. 하지만 이 만년설도 전혀 녹지 않는 것은 아닙니다.

위로는 계속 내리는 눈이 쌓여서 얼지만, 얼음땅의 아래쪽에서는 서서히 눈이 녹아 물이 됩니다.

만일 만년설이 녹지는 않고 계속 생기기만 한다면, 나중에는 지구 전체가 얼어붙게 될는지도 모릅니다.

그러나 만년설의 거대한 얼음땅은 조금씩 녹아내리고, 혹은 일부가 대륙에서 떨어져 나와 바다 위를 돌아다니기도 합니다.

새로 내려서 쌓이는 눈의 양과 밑에서 녹아 없어지는 얼음의 양이 비슷하기 때문에 남극 지방은 일년내내 비슷한 얼음의 양을 유지하고 있는 것입니다.

이러한 얼음 덩어리가 있는 곳을 빙하라고 합니다.

빙하는 땅과 마찬가지로 여러 가지 모양을 하고 있습니다.

빙하의 모양과 성질은 그 지방의 날씨와 땅의 모양에 의해 결정됩니다.

세상에서 가장 큰 빙하는 역시 남극 대륙에 있는 것입니다.

남극 지방은 몹시 춥습니다. 그러므로 남극의 땅 위

빙하에서 떨어져 나간
얼음조각을 빙산이라
하는데 산보다
큰 것도 있어요.
또 높은 산위에
만년설이 쌓여
생긴 빙하를
고산빙하라
합니다.

에는 거의 다 두꺼운 얼음층으로 덮여 있습니다.

남극 대륙을 덮고 있는 얼음의 두께는 1,000m 이상 되는 곳도 있습니다.

이렇게 두꺼운 빙하를 내륙빙하 또는 대륙빙하라고 부릅니다.

내륙빙하의 겉모양은 비교적 평평하게 생겼습니다. 하지만 변두리 쪽으로 갈수록 점점 급한 경사를 이루고 있습니다.

이렇게 커다란 얼음덩어리들도 조금씩 조금씩 움직입니다.

얼음덩어리가 바다에까지 이르렀을 때, 그 끝부분이 바위나 땅의 끝에 부딪쳐 떨어져 나가는 것을 볼 수 있습니다.

이렇게 빙하에서 떨어져 나간 얼음 조각을 빙산이라고 합니다.

사실 얼음 조각이라고는 했지만, 이것은 육지의 웬만한 산 만큼이나 큰 크기입니다.

높은 산 위에 만년설이 쌓여 생긴 빙하를 고산빙하라

고 합니다.

고산빙하는 대륙빙하보다 크기가 아주 작습니다.

고산빙하는 산의 골짜기를 따라 아래로 이동하는데 이런 빙하를 알프스형 곡빙하라고 합니다.

이런 곡빙하는 알프스 산맥이나 알래스카 산맥, 칼레도니아 산맥 등에서 흔히 볼 수 있습니다.

곡빙하가 움직이는 속도는 매우 느리지만, 가끔씩은 골짜기로 떨어져내려 큰 사고를 내기도 합니다.

빙식과 빙식지형

빙하는 움직이면서 주변에 있는 바위를 깎아내기도 하고 흙이나 모래를 쓸어나 하류 지방에 쌓아 놓기도 합니다.

이런 작용을 빙식작용이라고 합니다.

빙하는 빙식작용을 통해 재미있는 땅의 모양을 만들어 놓습니다.

이것을 빙하퇴적작용이라고 합니다.

곡빙하가 흙을 쌓는 작용을 곡빙하퇴적작용이라고 합니다.

곡빙하에 의해 만들어지는 지형 또한 재미있습니다.

곡빙하는 갈고리 모양의 계곡을 만들기도 하고 끝이 뾰족뾰족한 절벽을 만들기도 합니다.

또한 바닷가의 멋있는 풍경을 이루는 기암절벽을 만들기도 하고, 빙하호수를 이루기도 합니다.

빙산

빙하에서 떨어져 나온 거대한 얼음덩이를 빙산이라고 합니다.

빙산은 바닷물 위를 오락가락 떠다닙니다.

바다 위를 떠다니는 얼음은 두 가지로 나눌 수 있습니다.

하나는 빙산이고, 다른 하나는 해빙입니다.

빙산은 빙하에서 떨어져 나온 얼음덩이인데 비해 해빙은 바닷물이 얼어서 된 것입니다.

그렇기 때문에 해빙의 맛은 짭니다.

또한 해빙에는 공기 구멍이 퐁퐁 뚫려 있습니다.

그러나 빙산의 얼음에는 짠맛이 없습니다. 빙산의 얼

음은 만년설이기 때문입니다.

빙산이 물 위에 떠 있는 모습은 작은 산처럼 보입니다.

그러나 빙산은 물 위에 보이는 부분보다 물 아래 잠겨 있는 부분의 부피가 더 큽니다.

대개 물 위로 드러나 있는 부분은 빙산의 전체 크기의 1/3정도 입니다.

빙산은 한 곳에 가만히 서 있는 것이 아니라 바닷물의 흐름에 따라 떠다닙니다.

그러므로 빙산이 많은 바다로 배가 지나가야 할 때는 무척 조심해야 합니다.

잘못하다간 배보다 훨씬 큰 빙산에 부딪쳐 침몰할 수도 있기 때문입니다.

빙산이 많이 떠다니는 곳은 동그리인란드 지역의 바다와 라브라도르해류가 지나가는 지역의 바다입니다.

빙산은 바다의 흐름에 따라 남쪽으로 떠내려오다가 따뜻한 바람과 따뜻한 물에 녹아 없어져 버리기도 합니다.

빙산의 모양도 매우 다양합니다.

큰 덩어리 모양으로 된 것, 파라밋 모양으로 생긴 것, 집 모양으로 생긴 것, 백조 모양으로 생긴 것 등 갖가지 모양을 하고 있습니다.

남극 대륙에서 떨어져 나온 빙산 중에는 평평한 책상 모양을 한 빙산도 있습니다.

이러한 책상빙산은 무척 큽니다.

책상빙산의 보통 크기는 넓이가 200~1,000m, 높이가 50~80m 정도인데, 로스 바다에 있는 책상빙산은 폭이 700km 정도 되는 거대한 모습을 하고 있다고 전해집니다.

빙하시대

오랜 옛날에는 지구의 대륙이 거의 얼음으로 덮여 있었던 적이 있습니다.

이러한 시대를 빙하시대라고 합니다.

빙하시대는 쭉 계속되어 온 것이 아니라, 중간중간에 얼음이 녹고 땅이 드러났던 기간도 있었습니다.

이렇게 얼음이 녹았던 기간을 간빙기라고 말합니다.

지구의 역사를 살펴보면 얼음으로 땅이 뒤덮혔던 빙하시대가 네 번, 그 사이사이에 얼음이 녹았던 간빙기가 세 번 있었다고 과학자들은 말합니다.

빙하시대마다 지구의 모든 땅이 얼음으로 뒤덮였던 것은 아닙니다.

우리가 살고 있는 한반도에는 한번도 얼음이 뒤덮인 적이 없습니다.

빙하시대가 단골로 찾아들었던 곳은 남극을 중심으로 한 유럽 쪽의 대륙입니다.

캐나다, 오스트레일리아, 남아프리카, 중국, 노르웨이 서부 지방, 그리인란드, 인도 등의 나라가 얼음으로 뒤덮인 적이 있는 나라들입니다.

지구 위의 땅이 1/3정도 얼음으로 뒤덮였던 때도 있었습니다.

이 때는 캐나다와 미국, 스칸디나비아 반도, 독일과

소련까지 얼음으로 뒤덮였습니다.

남극 지방에 존재하는 얼음의 양으로 본다면 지금도 지구 대륙의 10%가 얼음으로 뒤덮여 있는 것이라고 합니다.

바다밭을 일궈요

바다는 모든 살아 있는 것들의 고향이라고 말하는 과학자가 있습니다.

우리의 고향은 어머니의 뱃속인데 바다가 고향이라니 조금 이상하지요?

이것은 사람이 생기기 전의 일을 두고 말하는 것입니다.

아주 오래 전, 사람이 아직 생겨나지 않았을 때의 일입니다.

살아 있다는 것은 무엇을 뜻하는 말일까요?

우선 우리의 주변에서 살아 있는 것과, 그렇지 않은 것을 찾아 비교해 봅시다.

길가에 굴러다니는 돌멩이는 살아 있을까요?

그 어느 누구도 돌멩이가 살아 있다고 말하지는 않습니다.

그렇다고 해서 '저 돌멩이가 죽었어!' 라고 말하지도 않지요.

죽는다는 것은 살아 있는 다음에 겪을 수 있는 일입니다.

돌멩이는 살아 있던 적이 없었기 때문에 죽어 있는 것도 아니지요.

땅바닥을 기어가는 개미를 살펴봅시다.

먹이를 물고 부지런히 기어가는 개미는 살아 있는 것입니다.

개미가 살아 있다는 것은 무엇으로 알 수 있나요?

그것은 개미가 움직이는 행동을 보고 알 수 있습니다.

살아 있는 것은 끊임없이 움직입니다.

비록 그 움직임이 아주 작은 것이어서 우리 눈에 뜨이지 않는다고 해도 얼마만큼 시간이 흐른 뒤에는 그 전과 무엇인가가 변해 있다는 것을 알게 됩니다.

식물도 마찬가지입니다.

우리는 식물이 변화하는 모습을 쉽게 알아볼 수는 없습니다.

하지만 식물은 우리가 알지 못하는 사이에도 부지런히 변화하고 있습니다.

뿌리가 자라고, 줄기가 자라고, 꽃을 피우고 열매를 맺습니다.

스스로 변화하는 일을 할 수 있는 것을 우리는 '생명이 있는 살아 있는 것' 이라고 말합니다.

하지만 돌멩이는 어떠합니까?

돌멩이는 봄이 와도 돌멩이 그대로이고, 여름이 되어도, 가을과 겨울이 되어도 그 상태 그대로인 돌멩이입니다.

돌멩이가 변할 수 있는 것은 사람이 주워다가 자리를 옮겨 놓아 주거나, 물이 자기 흐름에 실어 옮겨 가다 바위에 부딪쳐 모양이 깨어지는 정도가 고작입니다.

즉, 돌멩이는 자기 힘으로 자기의 모습을 변화시킬 수 없습니다.

돌멩이에게는 생명이 없기 때문이지요.

아주 오랜 옛날, 생명이 없는 것에서부터 생명이 있는 것으로 변한 곳은 바로 바다라고 합니다.

이렇게 제일 처음으로 생겨난 살아 있는 것을 '원시 생명' 이라고 합니다.

과학자들은 생명이 시작된 것을 알아내기 위해서 많은 연구를 합니다.

많은 과학자들이 원시 생명은 바다에서 태어났다고 설명합니다.

과학자들은 이 사실을 설명하기 위해서 증거를 보여 줍니다.

바다에 있는 바위에는 원시 생명체가 죽은 채로 들어 있는 것들이 있습니다.

이것을 화석이라고 합니다.

화석은 원시 생명체의 모습이 돌과 함께 굳어져 있거나, 아니면 우리가 즐겨 하는 판박이처럼 뚜렷이 그 모습이 새겨져 있는 것입니다.

지구 위에 처음으로 살아 있는 원시 생명체가 나타난 때는 지금으로부터 약 30억년 전이라고 합니다.

그 때가 얼마나 오래 전인지 우리는 제대로 상상할 수도 없습니다.

지구 생명체의
최초출연은
30억년전으로
추정됩니다.
우리조상들은
옛날부터 강을 중심으로
생활해 왔다고해요.

하지만 그 이후의 오랜 세월 동안 살아 있는 것들은 점점 복잡하고 편리하게 변화하였습니다.

이러한 과정을 일컬어 '진화'라고 말합니다.

원시 생물이 바다에서 태어났다는 사실은 바닷속이 그만큼 살기 좋은 환경이라는 것을 증명해 주는 것이 됩니다.

사람은 몸의 구조상 맨몸으로 물 속에 들어가 살 수 없습니다.

그것은 사람이 오랫동안 땅 위에서 살아왔기 때문에 땅에서 사는데 필요한 기관 이외에는 모두 없어져 버렸기 때문입니다.

사람은 땅 위에서 살아왔지만, 물의 혜택을 받지 않고서는 결코 살 수 없습니다.

농사를 지으려고 해도 물이 있어야 하고, 빨래나 밥을 지으려고 해도 물이 있어야 합니다.

그래서 사람들은 물이 있는 곳으로 모여들어 마을을 이루고 살아온 것입니다.

우리 인간들의 아주 오랜 조상들이 살아온 자취는 거

의 대부분 강가에서 발견됩니다.

바닷물은 사람들이 이용하기엔 아주 불편한 점이 많습니다. 짠맛 때문입니다.

여러분도 알고 있듯이 바닷물은 맛이 짜기 때문에, 우리가 목이 마르더라도 마실 수 없습니다.

만일 바닷물을 떠다가 밥을 짓는다면 밥맛이 너무 짜서 먹을 수 없을 것입니다.

이렇게 바닷물은 사람이 직접 사용할 수 없습니다.

그러나 바닷물을 사용할 수 없다고 해서 바다가 사람에게 불필요한 것은 결코 아닙니다.

오히려 바다는 물을 사용하는 편리함보다 더 많은 이익을 사람들에게 주고 있습니다.

바다 속에는 무궁무진하게 많은 먹을 것이 있습니다. 물고기, 새우, 게, 전복, 소라, 오징어, 문어 등등 바다 속에 저장되어 있는 인간의 식량은 셀 수 없이 많습니다.

또한 바닷물은 사람에게 가장 필요한 소금을 만들어 줍니다.

바닷물 자체는 너무 짜서 사람이 이용할 수 없지만, 물을 증발시켜 얻은 소금은 사람이 살아가는데 없어서는 안 될 것입니다.

소금은 사람이 먹는 음식에 간을 맞추어 줍니다.

아무리 좋은 재료로 음식을 만들었다하더라도 간이

맞지 않으면 그 음식은 맛이 없습니다.

그러나 들에서 자라는 나물을 캐어다가 간을 잘 맞추어 무친다면, 그 음식은 어느 유명한 호텔의 뷔페 음식 못지않게 훌륭한 맛을 낼 것입니다.

이렇게 소금은 사람이 살아가는데 아주 중요한 역할을 하는 것입니다.

바다가 우리에게 주는 것은 먹을 것만이 아닙니다.

바다 밑에는 많은 자원이 묻혀 있습니다.

바다 속 깊은 곳에는 화산이 자주 폭발합니다.

화산이 폭발하면 많은 양의 화산재가 생기는데 이 화산재에는 사람이 유용하게 이용할 수 있는 여러 가지 물질이 들어 있습니다.

과학자들은 바다 속에 들어 있는 여러 물질들을 걸러 내어 필요한 공장으로 보냅니다.

우주선이나 비행기를 만드는 데 쓰이는 마그네슘도 바다 속에서 걸러 내어 사용하는 물질입니다. 이 마그네슘은 발동기의 부속품이나, 잉크, 약, 치약, 불꽃놀이를 할 때 쓰이는 조명탄 등의 원료도 되는 아주 중요한 물질입니다.

마그네슘은 무게가 가볍고 질이 좋은 은백색의 금속입니다.

이 마그네슘을 바다 속에서 걸러내는 방법을 연구한 사람들은 미국의 과학자들입니다.

1941년, 이 방법을 연구하는데 성공한 이후, 미국 사람들은 텍사스 주 걸프 해안에 마그네슘 제조 공장을 지었습니다.

또 케미컬 화학 공업 회사가 세운 마그네슘 제조 공장은 마치 말굽처럼 생긴 바닷가에 지어져 있습니다. 이 공장에서는 운하를 통해 바닷물을 공장 안으로 끌어들입니다.

이 공장으로 들어오는 바닷물의 양은 1분에 25만갈론인데, 이것들이 모인 800톤의 바닷물에서는 약 1톤의 마그네슘이 얻어진다고 합니다.

바닷물 1㎢ 안에는 비행기를 500만 대를 만들 수 있는 마그네슘이 들어 있는 것입니다.

바닷물에서 얻을 수 있는 또 다른 귀중한 물질은 브롬입니다.

브롬은 공장이나, 약품을 만드는데 쓰이는 아주 귀한 것입니다.

즉, 에틸 가솔린이나 진통제, 소화제, 사진을 현상인화하는데 쓰이는 약품, 물감 등을 만들기 위해서는 꼭 브롬이 있어야 한다는 것입니다.

이렇게 중요한 브롬을 땅 위에서는 거의 얻을 수 없습니다.

지구에 있는 브롬의 99%가 바다 속에 있습니다.

과학자들은 마그네슘을 바닷물에서 걸러내었던 것과 같이, 브롬도 바닷물에서 걸러내는데 성공하였습니다.

바닷물 속에 이처럼 중요한 물질들이 있다는 것이 알려지면서부터 바다는 지구의 마지막 보물 창고로 불리어지기 시작했습니다.

사람들은 용감하게 바다 속을 탐험하기 시작했습니다.

드넓고 짙푸른 바다는 이제 더 이상 좋은 구경거리에 머물러 있지 않게 되었습니다.

좋은 경치일 뿐이었던 바다는 마침내 사람들의 새로운 생활터전이 된 것입니다.

바다 속에는 신기하고도 귀중한 해양 자원이 있습니다.

이 해양 자원들은 어서 누군가가 찾아와 자기를 가져

해양자원
생물학적자원
화학적자원
지질학적자원
마그네슘
브롬
석유
가스

다가 유용하게 써 주기를 기다리고 있을 것입니다.

해양 자원은 크게 몇 가지로 나눌 수 있습니다.

바다 속에 살고 있는 물고기와 해초 등 살아 있는 동·식물을 생물학적 자원이라고 합니다.

또한 바닷물 속에 녹아 있는 여러 가지 물질을 화학적 자원이라고 부릅니다.

그리고, 바다 밑 땅에 묻혀 있는 석유나 가스 등의 자원을 지질학적 자원이라고 합니다.

그동안 땅 위의 자원을 캐내어 살아온 사람들은, 이제 서서히 바다 속으로 눈을 돌리기 시작했습니다.

땅 위에서 얻을 수 있는 자원은 거의 바닥이 드러났기 때문입니다.

특히 땅의 넓이가 좁은 나라일수록 바다로 관심을 쏟세 마련입니다.

사방이 바다로 둘러싸인 섬나라 일본이 그 대표적인 나라입니다.

이에 못지않게, 미국이나 소련 등 세계 강대국들은 바다를 개발하기 위해 노력하고 있습니다.

하지만 바다를 개발하는 일은 무척 어렵습니다.

바다 어느 곳에 어떠한 자원이 얼마만큼 있느냐를 알아내기가 쉽지 않기 때문입니다.

바다는 육지보다 세 배가 넘게 넓습니다.

특히 사람은 땅 위를 자유롭게 다닐 수는 있으나 물 속에서는 그렇지 못합니다.

사람이 물 속에 들어가서 일하려면 여러 가지 장비를 갖추어야 합니다.

하지만 장비를 갖추고 들어갔다고 해서 마냥 바다 속을 땅처럼 누비며 돌아다닐 수는 없습니다.

물이 누르는 힘 때문에 사람은 어느 정도의 깊이까지만 물 속으로 들어갈 수 있습니다.

그래서 세계 여러 나라들은 해양을 탐사하기 위한 기술을 연구하고 있는 것입니다.

바다가 우리에게 주는 것은 지금까지 말한 것 외에도 아주 많습니다.

물이 귀한 나라에서는 바닷물을 끌어들여 소금을 제거하여 먹을 물로 사용하고 있습니다.

바닷물을 이용하여 발전소를 세우기도 합니다.

뿐만 아니라 해저 도시의 개발을 연구하는 나라들도 있습니다.

땅의 넓이는 정해져 있고, 살아야 할 사람의 숫자는 해마다 늘어나고 있습니다.

한 사람이 쓸 수 있는 땅의 넓이가 점점 줄어들고 있는 것입니다.

또한 땅 위에서 짓는 농사만으로는 그 많은 사람들의 식량을 댈 수 없습니다.

육지의 목장도 넓이의 한계 때문에 무한정 많은 고기를 생산해 낼 수 없습니다.

이러한 식량 문제를 해결하기 위해서도 바다는 중요한 역할을 합니다.

즉, 바다에 사는 물고기만을 잡아들일 것이 아니라, 무한히 넓은 바다밭을 일구자는 것입니다.

바다 밑바닥의 땅은 육지에 비할 수 없을 정도로 기름집니다.

수억 년 동안 각종 물고기의 시체가 쌓여 영양분이 듬뿍 주어졌기 때문입니다. 그리고 육지에서 흘러든 흙이 쌓이고 쌓여 기름지게 된 것입니다.

그래서 바다 밑바닥 땅은 식물들이 자라기에 아주 좋

은 환경을 이루고 있습니다.

바다에서 저절로 자라는 식물은 미역, 다시마 등의 해조입니다.

그러나 과학자들은 벼나 콩 등의 육지에서 재배하는 곡식도 바다 밑바닥 땅에서 기를 수 있도록 연구하고 있습니다.

바다 벼는 껍질이 없고, 육지의 볍씨보다 훨씬 커 영양이 많습니다.

또한 자라나는 속도가 아주 빨라, 씨를 뿌린 지 두달 후면 수확을 거둘 수 있다고 합니다.

이렇게 거두어들인 쌀은 육지의 논에서 재배한 쌀보다 단백질 미네랄 등의 영양가가 더 높다고 합니다.

바다 밑바닥 땅에서 기를 수 있는 식물은 곡식뿐만이 아닙니다.

복숭아, 대추, 사과처럼 열매맺는 각종 과일을 재배하는 방법도 과학자들에 의해서 연구되고 있습니다.

바다 밑바닥에 각종 녹색 식물을 가꾸려면 햇빛의 역할을 해 주는 것이 있어야 합니다.

녹색 식물은 햇빛을 받아 자기에게 필요한 영양분을 만들기 때문입니다.

그래서 바다 밑 농장에는 수백 개의 태양등을 설치해야 합니다.

태양등은 바다 위에서 햇빛을 받아 충전시켜 두었다

가, 바다 밑바닥 농장에 이르러 필요한 곳에 햇빛을 쬐어 주는 역할을 하게 됩니다.

바다 밑바닥 농장에서 농사를 짓는 일은 사람이 직접 하지 않습니다.

씨앗을 뿌리고, 곡식을 가꾸어 수확을 거두어들이는 일은 모두 로봇이 하게 되는 것입니다.

사람이 해야 할 일은, 바다 밑바닥 농장에 식물이 살 수 있도록 필요한 조건을 만들어 주고, 농장의 일을 잘 해내도록 로봇을 조종해야 한다는 것입니다.

그러므로 바다 밑바닥 농장에서 일하는 농부들을 농업에 관한 지식과 기계에 관한 지식, 바다에 관한 지식을 골고루 갖춘 바다농업기계박사라야 할 것입니다.

바다 밑바닥에는 식물을 기르는 농장과 마찬가지로, 농눌을 기르는 목장도 만들어질 것입니다.

바다 밑에 콘크리트로 물고기들의 아파트를 짓습니다.

바다 속에 자라고 있는 플랑크톤이나 해초류를 유전공학을 이용하여 크게 자라도록 만듭니다.

이렇게 한 먹이를 물고기에게 먹여 키우는 것이 바다 밑 목장의 주된 일입니다.

물고기 아파트에는 각종 메뉴를 다양하게 준비해 두어 물고기가 종류별로 모여 살 수 있도록 합니다.

바다 밑 목장의 주인이라면 잠수함을 타고 하루에 두어 번씩 자기 목장을 둘러보는 재미를 누릴 수 있을 것입니다. 만일 물고기 아파트가 부서진 곳이 발견된다면, 얼른 수리 로봇을 불러 아파트를 고치라고 지시해 주어야 할 테지요.

병에 걸려 신음하고 있는 물고기는 물고기 병원에서 치료받을 수 있습니다.

원래 몸이 약한 물고기라면, 건강 터널 속에서 체질을 개선시켜야 합니다.

건강 터널 속에는 각종 영양분과 몸을 튼튼하게 만들어주는 약들이 들어 있으므로 물고기들이 들어가 있기만 하면 저절로 튼튼하게 변할 것입니다.

바다 밑바닥 목장 곁에는 통조림 공장을 세워야 할 것입니다.

물고기 아파트에서 건강하게 자란 물고기들은 돌고래의 안내를 받아 저절로 통조림 공장으로 들어갑니다.

통조림 공장에서는 자동 기계에 의해서 잠깐 동안에 물고기 통조림이 탄생하게 됩니다.

몸이 약한 어린이가 바다 밑바닥에서 생산된 이 통조림을 먹고 튼튼해진다면 물고기로서도 행복할 것입니다.

바다 밑 땅의 모양

앞에서 바다 밑 땅의 구조에 대해서 간단히 설명하였습니다.

지금부터는 바다 밑 땅의 생김새와 특징을 좀더 자세히 알아보도록 합시다.

바다 밑바닥 땅의 모양은 항상 일정하지 않습니다.

강물에 섞여 바다로 흘러들어와 쌓이는 진흙이나 기타 다른 물질들의 퇴적 작용이 가장 많이 일어나는 곳이 바로 바다 밑바닥이기 때문입니다.

또한 파도와 물의 흐름, 해일 등에 의해 바다 밑바닥

이 깎이는 침식 작용이 일어나기도 합니다.

땅이 깎이는 현상인 침식 작용은 우리가 살고 있는 육지에서 더 많이 일어납니다.

육지의 침식 작용에 비한다면, 바다 밑바닥에서 일어나는 침식 작용은 아주 적은 부분에 속합니다.

바다 밑바닥의 깊이와 면적이 차지하는 비율을 살펴보면 다음과 같습니다.

바닷속 깊이 200m까지 해당하는 부분이 전체 바다의 7.6%, 201m에서부터 2,000m까지 해당하는 부분이 전체의 8.5%, 2,001m에서부터 6,000m에 해당하는 부분이 전체의 82.7%, 6,000m 이상의 깊이인 부분이 전체의 1.2%입니다.

깊이 4,000m가 넘으면 심해저라고 앞에서 설명하였습니다.

그러므로 지구의 70%를 차지하는 바다에서, 심해저가 차지하는 비율이 얼마나 되겠으며 그 넓이가 얼마나 될는지 여러분들은 대략 짐작할 수 있을 것입니다.

앞에서는 바다 밑바닥을 깊이에 따라 나누어 살펴보

았습니다.

이번에는 바다 밑바닥이 생긴 모양에 따라 살펴 보도록 합시다.

바다 밑바닥에 가늘고 길게 움푹 들어간 곳을 해구라고 합니다.

해구는 바다 밑바닥 땅 중에서 가장 깊은 부분입니다.

해구의 깊이는 6,000m 이상입니다.

지구 위에는 26~27개의 해구가 있습니다.

인도양에는 하나의 해구가 있고, 대서양에는 네 개의 해구가 있습니다.

나머지 해구는 모두 태평양에 있습니다. 특이한 점은 이렇게 깊은 바다 밑바닥인 해구가 대륙이 끝나는 곳에 많이 자리잡고 있다는 것입니다.

지구를 대략 5대양 5대주로 나누는 것은 여러분도 잘 알고 있을 것입니다.

5대양은 바다를 크게 나누어 부르는 말로 태평양, 대서양, 인도양, 남극해, 북극해를 말합니다.

6대주는 육지를 크게 나누어 부르는 말입니다. 즉 아시아주, 아프리카주, 유럽주, 오스트레일리아주, 남아메리카주, 북아메리카주의 여섯 대륙을 이르는 말이지요.

육지를 크게 나누어 부르기 때문에 이 하나하나를 각각 대륙이라고 부릅니다.

이 여섯 개의 대륙이 끝나는 부분의 바다 밑바닥이 가늘고 길게 움푹 들어가 해구를 이루고 있다는 사실은 정말 신기하고도 흥미로운 일입니다.

과학자들은 특이한 사실을 연구하며 즐거움을 찾습니다.

이러한 해구의 특징도 두말 할 것 없이 과학자들의 연구거리가 되었습니다.

과학자들은 열심히 연구한 끝에 아주 재미있는 사실을 밝혀 내었습니다.

그것은 바로 바다 밑바닥 땅이 늘어나고 있으며, 육지가 움직인다는 사실입니다.

무슨 이야기인지 무척 궁금하지요?

하지만 이것에 대해서는 바로 이 다음에 설명하도록 하겠습니다.

지금은 다시 바다 밑바닥 땅의 구조로 돌아가도록 합시다.

해구 중에서도 가장 깊숙이 들어간 곳을 특별히 다른 이름을 붙여 해연이라고 부릅니다. 해연이야말로 바다 밑바닥에서 제일 깊은 곳입니다.

세계에서 가장 깊은 해연은 1951년 6월, 영국의 해저 조사선인 챌린저 8호가 발견한 곳입니다.

이 곳은 태평양에 있는 괌섬과 야프섬 사이에 자리잡고 있습니다. 깊이가 10,863m인 이 곳은, 발견한 조사선의 이름을 붙여 챌린저 해연이라고 부릅니다.

세계에서 두 번째로 깊은 해연은 역시 태평양에 있는 케이프존슨 해연으로 깊이는 10,497m입니다.

1927년 독일의 군함 엠덴호가 민다나오 해구 중에서 발견한 엠덴 해연은 그 깊이가 처음에는 10,830m로 발표되어 세계에서 두 번째로 깊은 해연이 될 뻔했다

가, 그만 계산착오로 발표됨에 따라 다시 정정되어 10,400m의 깊이가 되어 버렸습니다.

그래서 아깝게도 세계에서 세 번째로 깊은 해연이 되고 말았지요.

이 엠덴 해연도 역시 태평양에 있습니다.

대서양에 있는 밀워키 해연은 깊이가 9,219m로, 세계에서 여섯 번째로 깊은 해연입니다. 세계에서 네 번째, 다섯 번째로 깊은 해연은 역시 태평양에 있습니다.

네 번째로 깊은 해연이 깊이 10,374m의 라마포 해연, 다섯 번째로 깊은 해연은 깊이 10,130m의 스네리우스 해연입니다.

인도양에 있는 순다 해연은 말레이군도 앞바다에 있는데, 깊이가 7,455m로 태평양이나 대서양에 있는 해연에 비해 그 깊이가 훨씬 얕습니다.

바다 밑바닥에 있는 골짜기를 해저곡이라고도 합니다.

해저곡은 위치하는 장소에 따라 해곡과 양곡, 심해수도의 세 종류로 나뉘어 불리어집니다. 해저곡은 그 생긴 모양이 마치 칼로 땅을 썰어 놓은 것처럼 보입니다.

해곡은 대륙붕을 얕게 썰어 놓은 곳입니다.

해곡은 다시 익곡, 빙하곡, 조류곡의 세 종류로 나뉩니다. 이것은 무엇이 땅을 잘라내었는가에 따라 분류한 것입니다.

익곡은 빙하기 때 바닷물의 표면이 낮아지면서 만들어진 골짜기입니다. 즉 바닷물의 일부가 얼면서 그 힘으로 바닥을 갈라 놓은 것입니다. 이렇게 생긴 골짜기는 바닷물이 줄어듦에 따라 물 위로 드러나 육지가 되었습니다.

그렇게 생겨난 골짜기가 빙하가 녹으면서 바닷물의 양이 늘어나자 다시 물 속으로 잠기게 된 것입니다.

사람이 물에 빠져 죽으면 '익사했다' 라고 말하지요? 이처럼 물 위로 드러난 육지였던 골짜기가 물에 잠기게 되자 '익곡' 이라고 부르게 된 것입니다.

빙하곡은 빙하에 의해서 잘라진 골짜기입니다.

바닷가의 끝이 꼬불꼬불하고 복잡하게 생긴 곳을 일컬어 우리는 피요르드 해안이라고 부릅니다. 이 피요르드 해안에 이어져 있던 빙하가 녹아 미끄러져 내리면서 그 힘으로 잘라낸 골짜기가 바로 빙하곡입니다.

땅을 잘라낸 빙하는 그것으로 만족하지 않고, 그 골짜기를 바닷속으로 함께 끌고 들어갔습니다. 그래서 빙하곡은 바다 밑바닥에 자리를 잡게 된 것이지요.

조류곡은 바닷물의 흐름이 잘라낸 골짜기입니다.

바닷물은 일정하게 흐르고 있는 것처럼 보이지만, 사실은 제각기 나뉘어 있습니다.

같은 힘에 의해서 흘러다니는 바닷물의 모임을 조류라고 합니다. 조류는 그 속도가 빠른 것도 있고, 아주 느린 것도 있습니다.

속도가 빠른 조류는 바다 밑바닥을 파내면서 흐르기 때문에 작고 험한 골짜기를 만들어 냅니다.

이렇게 생긴 골짜기가 조류곡입니다.

익곡, 빙하곡, 조류곡은 해곡에 속합니다.

양곡은 대륙붕의 경사진 언덕에 있는 골짜기입니다.

양곡은 거의 전 세계의 바다 밑바닥에서 볼 수 있습니다.

양곡은 V자 모양으로 생긴 골짜기입니다.

바다 밑바닥을 연구하는 과학자들은 이 양곡에 대해서 많은 연구를 합니다.

심해수도는 깊은 바나 밑바닥에 있는 얕은 골짜기입니다.

이러한 깊은 바다 밑바닥의 골짜기는 여러 곳에서 찾아볼 수 있습니다.

태평양에서는 캘리포니아의 바다에서 심해수도를 찾

아볼 수 있고, 인도양에서는 갠지즈 강의 밑바닥에서도 찾아볼 수 있습니다. 대서양에서는 북미의 바다에서 심해수도를 찾아볼 수 있습니다.

심해수도의 모양은 양곡과 마찬가지로 V자 모양을 이루는 것이 많습니다.

심해수도의 양쪽에는 제방처럼 보이는 높은 둑이 쌓여 있는 것이 보통입니다.

심해수도의 깊이는 100m정도의 것이 많습니다.

바다 밑바닥에서부터 불쑥 솟아 있는 산을 해저산이라고 합니다.

해저산에는 이상한 모양을 하고 있는 것도 있습니다.

대개의 산은 육지 위에 있거나, 아니면 바닷속에 있거나 모두 정상이 뾰족하게 생겼습니다. 그런데 '규요'라고 불리우는 이 산의 정상은 마치 칼로 쓱 베어낸 것처럼 평평하게 잘려져 있습니다.

해저산의 특이한 지형인 규요는 태평양에 많이 있습니다. 태평양에서는 5,000개가 넘는 규요가 발견되었고, 대서양에서도 몇 개의 규요가 발견되었습니다.

규요를 처음 발견한 사람은 프린스턴 대학의 헤스 교수입니다. 헤스 교수는 땅의 생김새를 주로 연구하는 지질학자였습니다.

제2차 세계 대전이 한참 진행되고 있을 때입니다.

헤스 교수는 미국의 해군 수송선 케이프 존슨 호에 타고 있었습니다.

헤스 교수는 음향 측심기로 바다 밑바닥을 조사하고

있었습니다. 음향 측심기는 음파를 이용해 바다 밑바닥의 깊이와 생김새를 알아보는 기계입니다.

케이프 존슨 호가 지나가고 있는 곳은 화산 지대였습니다.

음향 측심기는 케이프 존슨 호가 지나가는 곳의 바다 밑바닥에 많은 해저화산이 있다고 기록해 내고 있었습니다.

음향 측심기를 들여다보던 헤스 교수는 이상한 점을 발견해 내었습니다.

거의 모든 화산이 끝이 뾰족한 모양을 가지고 있었는데, 유독 한 개의 화산만은 그 끝이 평평하다고 음향 측심기에 나타나 있었던 것입니다.

헤스 교수는 다시 한 번 음향 측심기로 그 지역을 조사해 보았습니다.

결과는 마찬가지였습니다.

바다 밑으로 1,464m 내려간 깊이에 마치 넓은 운동장처럼 생긴 평평한 해저산의 정상이 있었습니다.

어떠한 것이든지 새롭게 발견된 것이라면, 제일 먼저

평평한
해저산?
규요
평평한
해저화산

발견한 사람이 이름을 붙여 주도록 되어 있습니다.

정상이 운동장처럼 평평하게 생긴 해저 화산을 발견한 것은 헤스 교수가 처음이었습니다. 따라서 이러한 해저 화산의 이름도 헤스 교수가 지어 주게 되었습니다.

그런데 무슨 이유에서였는지, 헤스 교수는 자기의 스승인 프린스턴 대학의 지질학자 아놀드 규요의 이름에서 따 내었습니다.

헤스 교수는 정상이 평평한 해저 화산의 이름을 규요라고 지어 주었던 것입니다.

헤스 교수는 그 후에도 규요를 19개나 발견해 내었습니다.

결국 헤스 교수는 규요가 세상에 하나나 둘밖에 없는 희귀한 지형이 아니라 바다 밑바닥 땅에 많이 있는 보편적인 땅의 생김새라는 사실을 밝혀낸 것입니다.

그렇다면 규요는 어떻게 생겨났을까요?

헤스 교수는 규요를 꼭대기가 뚝 잘려져 나간 해저 화산이라고 설명합니다.

규요의 탄생
해저화산

화산이라면 거의 대부분 끝이 뾰족하게 생겼습니다. 그러므로 규요의 꼭대기는 무엇인가에 의해서 일부러 잘려진 것이 틀림없습니다.

이러한 규요의 비밀에 대해서는 아직도 확실히 밝혀지지 않았습니다.

다만, 과학자들은 이렇게 추측할 뿐입니다.

바닷속에서 강하게 폭발한 해저 화산은 폭발하는 힘이 넘쳐흐른 나머지, 바다 위로 불쑥 솟아오르게 됩니다.

원래 폭발해서 얼마 안 된 용암은 아직 굳지 않았기 때문에 밀가루 반죽처럼 물렁물렁합니다. 시간이 흐름에 따라 열기가 식어가면서 바위가 되는 것이지요.

바닷속에서 폭발하여 물 위로 솟아오른 용암도 열기가 식기 전에는 뜨거운 밀가루 반죽 같았을 것입니다. 아마도 시원한 바닷바람을 쏘이면서 천천히 식어, 멋있게 굳은 바위산이 되려고 생각했을 것입니다.

그런데 물 위로 솟아오른 용암이 미처 바닷바람에 열기를 식히기도 전에, 심술궂은 파도가 온 힘을 다해서 밀가루 반죽처럼 생긴 용암에 부딪치고 말았습니다.

멋있는 경치를 온몸에 감고 바다에서 마음껏 뽐내려고 했던 용암은 파도의 공격을 이겨내지 못하고 그만 목을 뎅강 잘리우고 만 것이지요.

그래서 눈물을 삼키며 목이 잘린 흉악한 모습으로 굳어 바닷속으로 숨어 버린 것이 바로 규요라는 것이지요.

이것은 아직 확실하게 확인되지 않은 과학자들의 추측에 불과할 뿐입니다.

미국 해군 전자공학 연구소의 해밀톤 박사는 실제로 중부 태평양 밑바닥에 있는 해저 산맥 중에서 두 개의 규요를 연구하였습니다.

해밀톤 박사는 태평양의 얕은 바다에 있는 규요에서, 아득한 옛날에 살고 있었던 생물의 화석을 발견했습니다. 그 화석은 백악기라고 불리우는 시대의 것이었습니다.

백악기는 지금으로부터 약 1억 4천 만년 전에서부터 7천 만년 전까지의 시대를 구분하여 부르는 말입니다.

이러한 일들은 우리에게 새로운 추측을 하도록 해줍니다.

즉 우리가 알지 못하는 아득한 옛날의 세상에서는, 지금 바닷속에 잠겨 있는 곳이 육지였던 시대가 있었으리라는 것이지요.

해밀톤 박사가 태평양에서 발견한 화석이 박힌 규요도 그 사실을 증명해 주고 있습니다. 태평양 밑바닥에 자리잡고 우뚝 서 있는 해저 산맥은 우리가 미처 알지 못하는 오래 전의 그 옛날, 육지 위에서 웅장한 모습을 드러내어 모습을 뽐내었을 것입니다.

그러던 것이 지각의 변동에 의해 바닷속으로 가라앉게 되었을 것입니다.

이 산맥이 바닷속으로 가라앉은 때는 지금으로부터 약 100만년 전이라고 합니다.

바다밭을 일궈요

2012. 12. 10 인쇄
2012. 12. 15 발행

엮은이 대한과학진흥회
펴낸이 신 주 황
펴낸곳 스완미디어
등록 제2-4534호
주소 서울 · 중구 만리동1가 12-33 태영빌딩
대표전화 02) 02-393-0026
팩스 02) 02-312-8349

ISBN 978-89-92565-25-7

값 8,500원
※ 잘못된 책은 구입하신 곳에서 바꾸어 드립니다